AF305365

DE

LVNITÉ

DE LA

HIERARCHIE

PAR

M. PIERRE CAMVS

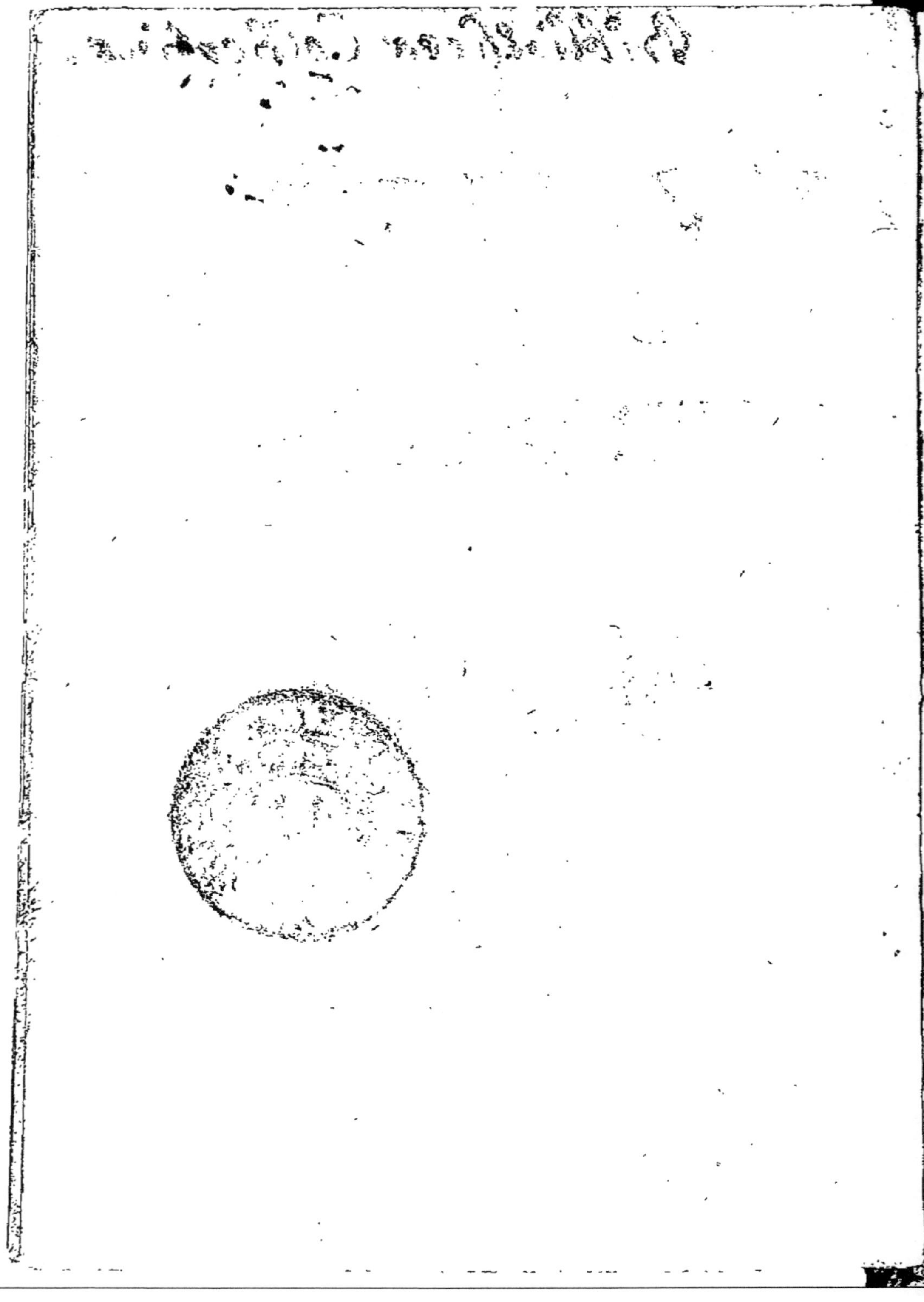

L'IMPRIMEVR
au Lecteur.

APRES vous auoir donné les Opuscules touchant *la Mendicité legitime des Paures Seculiers*, & celle des *iustes Questes des Ordres Mendians*, En voici vne de la mesme main, qui traitte de *l'Vnité de la Hierarchie*. La coppie en est venuë en ma puissance par les mains d'vn R. P. de l'Oratoire de cette ville de Doüay, qui est des amis de l'Autheur, & en auoir eu la communication.

AV LECTEVR.

Il m'a fait venir le courage de communiquer cette piece au public, fur l'affeurance qu'il m'a donnée que cela ne deplaira pas au Reuerendiffime qui l'a compofée : Vous y verrez vn fujet efpineux manié auec beaucoup d'addreffe & d'induftrie. Dieu vueille que fa lecture infpire la concorde & la bonne intelligence dans les efprits de ceux qui font eftablis pour gouuerner les ames, & pour addreffer leurs pas dans les fentiers de la jufti-ce & de la paix.

DE L'VNITÉ DE LA HIERARCHIE ECCLESIASTIQVE.

Du nom de Hierarchie.

§. I.

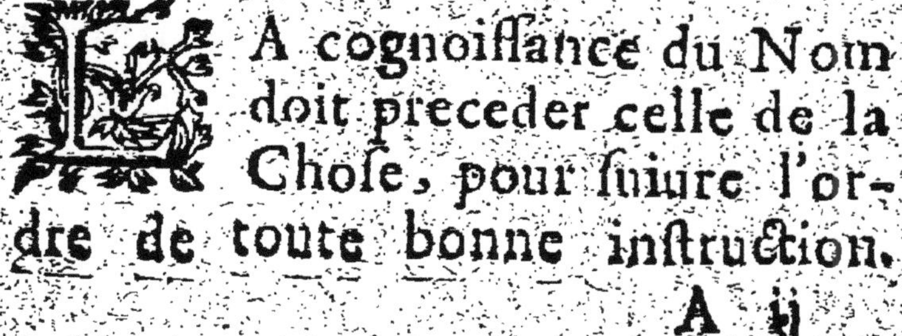

A cognoissance du Nom doit preceder celle de la Chose, pour suiure l'ordre de toute bonne instruction.

A ij

Ayant à parler *de l'Vnité de la Hierarchie*, il faut sçauoir que signifie
ce mot, parce que nous y trouue-
rons la vraye image de la chose si-
gnifiée : de là nous viendrons à la
definition qui en marque l'essence,
puis à la distinction, pour enfin
aboutir dans l'Vnité, qui est le but
de cet Escrit.

Le Nom de Hierarchie est Grec,
& composé de deux (*Iera & archi*)
qui veulent dire vne Principauté
sacrée. S. Denys Areopagite, dont
les escrits sont la plus ancienne, &
la principale source de la laquelle
puisent tous ceux qui escriuent de
cette matiere, l'appelle encor vn
Ordre sacré (*iera taxis,*) comme
qui diroit vne Puissance bien or-
donnée & sacrée procedante de
Dieu, de qui vient toute puissance,
& tout bon ordre, que les Grecs appellent Eutaxie.

Distinction de l'Authorité.

§. II.

OR toute puissance & authorité venant de Dieu, dont elle
est comme vn rayon & vne image,
representant en terre le pouuoir de
celuy qui peut tout ce qu'il veut au
ciel & en la terre, elle se partage en
deux, en la Politique & en l'Ecclesiastique, toutes deux sainctes, diuines, justes, legitimes, & proue-
nantes d'vn mesme principe, qui
est Dieu, lequel a dit que toute ame
soit sujette aux puissances superieu-
res, non seulement pour la crainte,
mais pour la conscience : que qui
mesprise la domination de ceux
qu'il a establis pour gouuerner le
mesprise, & qui leur resiste se re-
uolte contre son ordre.

L'vne & l'autre Principauté estant

de droict diuin, & comme les deux luminaires que Dieu a mis au ciel, pour presider au jour & à la nuit : l'Ecclesiastique qui regarde principalement les ames, en tant qu'elles sont adressées au seruice de Dieu, & qu'elles tendent à la beatitude de l'autre vie, est appellée sacrée, parce qu'elle regarde l'administration des choses sacrées, & de la Religion. Et qu'elle est composée de personnes sacrées par vn Ordre sacré, qui est vn Sacrement, & consacrées à Dieu par de sainctes benedictions & ceremonies sacrées, & ausquelles est imprimé vn caractère special, qui est inefaçable.

Ce n'est pas que les Princes Souuerains, & les Magistrats Politiques qui les representent, ne soient des personnes sacrées, les oingts du Seigneur, des Sacrificateurs de justice, & en quelque maniere, comme les appelle vn Ancien (*Roimenes*

Laon) Pasteurs & Peres des peuples : & comme dit S. Pierre, parlant des fidelles, vne nation sainte,
vn Sacerdoce Royal. Mais ce n'est
pas pourtant en la maniere que les
Prestres, & Pasteurs de l'Eglise,
sont Peres, & Princes des peuples,
& les oingts du Seigneur, & les Sacrificateurs de l'Eternel, par vn Sacrement particulier qui porte le
nom d'Ordre : sur lequel, comme
sur sa baze, est appuyée leur puissance spirituelle.

Description de la *Hierarchie Ecclesiastique.*

§. III.

QV'est-ce donc que la Hierarchie Ecclesiastique, sinon la
sacree Principauté des Pasteurs
Chrestiens, chargez des ames des

fidelles Laïques, & obligez de les
conduire aux choses qui regardent
le seruice de Dieu, & de les repai-
stre, & edifier, par parole & par
exemple, & par l'administration
des Sacremens. Il nous faut expliquer à parcelles ceste description.

Nous l'appellons Principauté
Sacrée, selon le son du mot de Hierarchie, & pour la distinguer de la
Ciuile, qui ne regarde que le gouuernement & la police des choses
temporelles, non des sacrées qui
concernent la Religion, ou le Culte diuin.

Il y a, *des Pasteurs Chrestiens*, parce que ce mot pris precisément &
proprement, n'embrasse que cette
partie de l'Eglise Catholique, que
l'on appelle Clergé, non que tous
ceux du Clergé soient Hierarques
ou Princes sacrez ; mais parce-que
les Principaux le sont, & les autres
par disposition, vnion, & partici-

pation, comme leur estans subordonnez, en l'œuure de leur Ministere, pour l'edification du corps mystique de I. C. qui est l'Eglise.

Suit, *chargez des ames des fidelles Laiques* : pour monstrer que les Chrestiens qui ne sont point dans les Ordres sacrez, quoy qu'ils soient dans l'Eglise, ne sont pas pourtant dans la Hierarchie, dautant que comme subjets ils n'ont aucune part au gouuernement de cette sacrée Principauté, ni en l'administration des diuins mysteres : & comme oüailles, qu'ils ne peuuent tenir rang dans l'Ordre des Pasteurs.

L'Eglise Chrestienne & Catholique, n'a jamais en soy recogneu que deux rangs, le Clergé & le Peuple, les Clercs & les Laiques, les Pasteurs & les Oüailles. Elle ne cognoist point de tiers-estat : qui n'est en l'vn de ces rangs, est neces-

fairement en l'autre. Comme les
boitteux estoient exclus de l'ancien
Temple, le sont de l'Eglise ceux qui
clochent de l'vne & de l'autre han-
che, & qui comme Amphibies &
Aods ambidextres, veulent estre
Laïques & Clercs tout ensemble, &
elle a rejetté comme erreur l'opinion de ceux qui ont voulu tenir
que tous les Chrestiens estoient
vrays Prestres, rejettans la distinction de Clergé & de Peuple.

Il suit l'explication de cette
description.

§. IV.

ON adjouste en la description,
que les Pasteurs sont chargez
des ames des fidelles Laiques. Autrement ils ne seroient ni Hierarques,
ni Pasteurs, car il y a vne telle rela-

tion entre Prince & Subjet, & Pasteur & Oüaille, que l'vn ne peut
estre sans l'autre, la Principauté ces-
sant où cesse la Subjection, & le
Pastorat où il n'y a point d'Oüailles. Que dira-t'on donc des autres
Ecclesiastiques, qui ne sont point
Pasteurs, seront-ils mis hors de la
Hierarchie? Non, mais ils y entre-
ront par adjonction & subordination, en la maniere que nous decla-
rerons cy-apres, & ainsi se conserue l'Vnité de la Hierarchie.

Apres il est dit, que les Pasteurs
chargez des ames qui leur sont commises, *sont obligez de les conduire*
aux choses qui regardent le seruice de
Dieu. Car n'est-ce pas le propre
des Pasteurs d'estre responsables
des brebis qui leur sont baillées en
garde? Obeissez, dit S. Paul, à vos
Pasteurs qui veillent sur vous, comme ayans à rendre compte à Dieu
de vos ames, & des mains desquels

voſtre ſang ſera recherché. Et n'eſt-
ce pas encor leur deuoir de conduire leurs troupeaux en des lieux de
paſturage, les inſtruiſans & nourriſ-
ſans ſpirituellement.

C'eſt ce qui ſuit en la deffinition,
& de les repaiſtre & edifier, par pa-
role, & par exemple, & par l'admi-
niſtration des Sacremens. C'eſt la
doctrine de S. Pierre, diſant aux Paſteurs, Paiſſez les troupeaux de
Dieu dont vous auez la charge, non
comme des eſclaues, mais comme
des perſonnes libres, non comme
ayans ſeigneurie & domination ſur
l'heritage du Seigneur, mais comme
exemplaire de toutes bonnes œu-
ures. Malheur aux Paſteurs, dit vn
Prophete, qui ſe repaiſſent eux-
meſmes, & n'ont aucun ſoin de pai-
ſtre leurs troupeaux, ou de les conduire en des paſturages abondans.

Cette deſcription monſtre aſſez
que nous parlons ici de la Hierar-

chie de l'Eglise qui milite en terre ;
non de celle qui triomphe dans les
cieux, de celle des hommes fidelles,
qui viuent dans la Ierusalem terrestre, non de celle des esprits bien-
heureux qui font dans la Ierusalem
celeste ; De l'Ecclesiastique, non de
l'Angelique.

De la Hierarchie Angelique selon S. Denys.

§. V.

QVant à l'Angelique, S. Denys
le grand honneur de l'Areo-
page, & de la France, en a fait vn
liure expres, à qui il donne pour titre, de la Celeste Hierarchie, laquelle il distingue en trois Hierarchies,
assignant à chacune trois Ordres.

Voici comme il la definit (*chap. 3.*)
La Hierarchie n'est autre chose

qu'vn Ordre facré, vne fcience, &
vne fonction qui fe conforme, autant qu'elle peut, à la diuine reffem-
blance; & laquelle par les illuminations qui luy font diuinement infu-
fes, eft conduite & efleuée felon fa
mefure & fa proportion, à l'imitation de Dieu : ce font les paroles de
ce diuin homme.

A quoy il adjoufte ce beau raifon-
nement, la belle bonté & la bonne
beauté de Dieu, eftant pure, claire,
parfaite, & le principe de toute pureté, clarté, & perfection, & de fa
nature eftant communicatiue, quãd
elle fe refpand au dehors, elle porte
la pureté, la lumiere & la perfection, dans les fujets qui en font
fufceptibles.

De là vient que dans les Celeftes
Hierarchies des Anges, qui ont le
bonheur de joüir de la veuë de cette
diuine Face, qu'ils defirẽt fans ceffe
de voir, dit S. Pierre, encor qu'ils
la con-

la contemplent sans interruption,
dautant que plus ils voyent ce qu'ils
desirent, plus ils desirent de le voir,
l'agreable pointe du desir demeu-
rant dans la satieté de la jouïssance,
comme l'aiguillon de l'abeille se
conserue dans son miel.

De là vient, dis-je, que les Anges de la premiere Hierarchie, receuans, immediatement de Dieu les
irradiations qui les purgent, éclai-
rent & perfectionnent, influêt comme les canaux de la pourpre du Roy
de gloire, les puretez, lumieres &
perfections, dans les esprits de la
seconde Hierarchie, & ceux de la
Seconde les respandent sur ceux de
la Troisiesme, comme autant de
miroirs qui se communiquent leurs
especes les vns aux autres.

Ordres des Hierarchies Angeliques.

§. VI.

LES trois Ordres de la Premiere Hierarchie Angelique, font appellez par faint Denys, les Seraphins, les Cherubins, & les Trônes. Ceux de la Seconde portent les nõs de Dominations, Vertus & Puiſſances. Ceux de la Troiſieſme s'appellent Principautez, Archanges & Anges. (*v. S. Tho. 1. q. 108. a. 8.*)

Or qu'il y ait ſubordination, c'eſt à dire ſuperiorité & inferiorité, commandement & obeiſſance parmi les bons Anges de la Hierarchie celeſte, nul n'en a jamais douté, veu meſmes qu'il y a Domination & Principauté parmi les mauuais eſprits, c'eſt à dire les Demons, bien

qu'ils soient en vn lieu de desordre,
de confusion, & d'horreur eternelle.
Selon mesme que N. S. le tesmoi-
gne en l'Euangile à ceux qui luy re-
prochoient qu'il chassoit les Demons au nom de Belzebuth. (*v. S.*
The. 1. 2. *q.* 108. *&* 109.)

Et de fait, que deuiendroit ce mot
de Hierarchie, si parmi les Anges
il n'y auoit vne sacrée Principauté,
& vne dependance les vns des autres, auec rapport au Souuerain
Monarque de toutes choses, qui est
Dieu, source de toute Puissance,
comme de toute Paternité au ciel &
en la terre.

Doncques les Anges de la Premiere Hierarchie estans purgez, illuminez & perfectionnez immediatement de Dieu, fontaine de toute
pureté, lumiere & perfection, exercent ces trois actes vers les Ordres
de la moyenne Hierarchie en les
purgeant, illuminant & perfection-

nant, & ceux de cette Seconde Hierarchie, estans purgez, illuminez & perfectionnez par ceux de la Premiere, sont eux-mesmes agissans au regard de la Troisiesme, qu'ils purgent, illuminent & perfectionnent.

Instances.

§. VII.

MAis, dira-t'on, si la Hierarchie Angelique est vne sacrée Principauté, exerçant ces fonctions Hierarchiques de purger, illuminer, & perfectionner, comme peut-on dóner ce nom à la Troisiesme, qui reçoit ces fonctions des deux premieres, mais qui ne l'exerce sur aucunes autres? A dire la verité elle ne les exerce pas sur d'autres Anges, mais c'est assez pour porter le nom de Hierarchie, qu'elle les exerce sur les hommes: Car

qui ne sçait que la Hierarchie terrestre est non seulement formée sur le
modelle de la Celeste, mais qu'elle
en est purgée, illuminée, perfe-
ctionnée?

Possible quelqu'vn s'estonnera-
t'il de ce que je viens d'auancer, que
la Hierarchie Ecclesiastique est formée sur l'exemplaire de la monta-
gne, c'est à dité sur le modelle de
l'Angelique, veu que celle-cy est
triple, & l'Ecclesiastique est vne,
quoy que partagée en trois Ordres,
ainsi que nous deduirons plus amplement ci dessous. Mais il cessera
de s'esmeruëiller, quand il appren-
dra que la Hierarchie Ecclesiastique, prise en son amplitude, c'est à
dire d'vne maniere fort estenduë,
comprend 1. les fonctions ou actiõs
sacrées de purger, illuminer & perfectionner, qui respondent à la premiere Hierarchie des Anges. 2. Les
Ministres de ces fonctions, qui sont

les Hierarques, lesquels purgent,
illuminent, perfectionnent. 3. Les
Initiez, c'est à dire ceux qui sont
purgez, illuminez, perfectionnez.

Ample consideration de la Hierarchie.

§. VIII.

CAr tout ainsi qu'en la Principauté ciuile, 1. il y a les fonctions d'authorité qui consistent à
faire les loix de paix & de guerre,
l'administration de la Iustice, & le
gouuernement de l'Estat, 2. le Prince, & sous luy les Gouuerneurs, &
Magistrats qui exercent ces fonctions, & sont des loix viuantes, &
parlantes, 3. le peuple ou les subjets
sur lesquels ces fonctions sont exercées. Aussi en la sacrée Principauté spirituelle de l'Eglise militan:

te, il y a 1. les fonctions sacrées &
spirituelles de purgation, illumination, perfection : 2. les Agens, c'est
à dire les Hierarques, & ceux qui
sous eux, & par leur authorité les
exercent, purgeans, illuminans &
perfectionnans les ames : 3. il y a les
patiens, c'est à dire les fidelles Laïques sur lesquels ces fonctions sont
exercées, lors qu'ils sont purgez,
illuminez, & perfectionnez, par
ceux que Dieu a deputez à ces mi-
nisteres.

Mais à parler proprement & precisément, on n'appelle pas les
actions, & les loix du nom de Principauté, puisque ce sont des fonctions qui sortent seulement de la
Principauté. Et quoy que les subjets d'vn Monarque soient dedans
& sous sa Monarchie, si est-ce qu'ils
n'ont pas tous part à la Monarchie,
c'est à dire au Gouuernement du
Monarque, mais ceux à qui il com-

B iiij

munique son authorité pour la conduite des peuples, comme sont les Gouuerneurs & les Magistrats, que pour cela les Grecs appellent Toparques, comme commandans auec authorité & puissance en certains lieux, par l'ordonnance du Prince.

Quand donc S. Denys dit, que la Hierarchie en son étenduë comprend 1. tant les actions ou fonctions sacrées, 2. que les Ministres qui les exercent, 3. que les Initiez qui les reçoiuent, il ne parle pas tant de la personne du Prince, que des actions de commandement qui sortent de luy, & des subjets sur lesquels il les exerce.

Aussi quand il parle de la Hierarchie Ecclesiastique, il ne la fait pas triple, comme l'Angelique, mais vne, la restreignant aux Hierarques qui sont les Pasteurs, chargez des ames, qu'ils conduisent aux pasturages de la foy & de la grace.

Difference de la Hierarchie & de l'Eglise.

§. IX.

AVtrement si dans la Hierarchie Ecclesiastique, nous comprenions les Purgeans & les Purgez, les Illuminans & les Illuminez, les Perfectionnans & les Perfectionnez, nous representerions pluſtoſt l'Eglise que la Hierarchie de l'Eglise : car il eſt certain que l'Eglise eſt le Reth de l'Euangile, qui embraſſe les gros & les menus poiſſons, l'Arche qui reçoit les animaux mõdes & immondes, l'Aire qui r'amaſſe la paille & le grain, & le Royaume qui contient & le Prince & les Subiets.

Auſſi la definit-on, vne aſſemblée d'hommes qui font profeſſion

de la foy Chreſtienne, reliez & vnis
par la communication de meſmes
Sacremens, ſous la conduite des Paſteurs legitimes, & principalement
ſous la ſujettion, & gouuernement
du Souuerain Pontife Vicaire de
Iesvs-Christ, (*v. Bellarm.*
l. 3. de Eccleſ. c. 2.) De cette ſorte
l'Egliſe viſible & militante en terre
embraſſe les bons & les mauuais
Chreſtiens, qui ont vne meſme
foy, vn meſme Seigneur, vn meſme
bapteſme.

Mais parce qu'il y a des hommes
ſacrez en l'Egliſe qui ſont deſtinez
comme Miniſtres de Dieu à la diſ-
penſation de ſes myſteres, par l'adminiſtration de ſa parole & des Sacremens, & par la conduite des
ames, ce ſont proprement ces Hierarques là, ou Princes ſacrez, qui
compoſent la ſacrée Principauté
ſpirituelle, que l'on appelle Hierarchie Eccleſiaſtique,

Et le saint Concile de Trente pro-
nonce anatheme contre ceux là, cō-
me perturbateurs de la Hierarchie
Ecclesiastique, qui veulent que tous
les Chrestiens indifferemment soiét
Prestres & Hierarques, confondans
le Sacerdoce auec la condition des
Laïques, & troublans les rangs de
cette Sulamite, la sainte Eglise, qui
est comparée à vne armée rangée en belle ordonnance. (*v. Conc.*
Trid. sess. 23. *c.* 4.)

Le but de la Hierarchie.

§. X.

OR la fin & le but de l'vne
& l'autre Hierarchie Celeste
& Terrestre, Angelique & Ecclesiastique, ainsi que nous apprend
S. Denys (*de celest. Hierarch. c. 3.*
et de Eccles. Hier. c. 1.) n'est autre
que la consommation des Saints,

selon que l'Apostre parle (*Ephes.* 4.)
en l'œuure du ministere, c'est à dire
la perfection des esprits raisonna-
bles, tant ceux qui habitent la Hie-
rusalem Triomphante, que ceux
qui font leur demeure en la Militante.

Et en quoy consiste cette perfection, sinon en leur vnion auec
Dieu, qui est la fin derniere, comme
il est le premier principe de leur
estre. Mais comme se fait cette
vnion, sinon lors qu'ils sont trans-
formez de clarté en clarté en la mesme image, comme parle l'esprit de
Dieu, selon les termes de l'Apostre.
Termes excellens, & qui nous ap-
prennent que l'esprit raisonnable
ayant esté crée à l'image & semblance de Dieu, comme la perfection de l'image est de ressembler
autant qu'il se peut à son original,
aussi celle de l'Ange & de l'homme
consiste à ressembler à Dieu, non

seulement quant à l'image emprain-
te en la nature , & qui se void dans
les Demons mesmes & les reprou-
uez, mais aussi en la semblance qui
consiste en la grace, qui n'est jamais
sans la pureté, la cognoissance, &
l'amour.

Son exemplaire est en Dieu.

§. XI.

Dieu donc estant la mesme pureté, il est impossible d'auoir
sa semblance dans la souilleure &
impureté du peché, lequel efface en
nous, non pas l'image de Dieu, qui
est en la nature de l'ame, mais la
semblance qui est en la grace. Dieu
est tellement pur, que rien de souil-
lé ne peut auoir accez auprés de luy,
ni entrer en son Royaume: ses yeux
sont si nets, dit vn Prophete, qu'ils
ne peuuent voir le mal, & le Roy

Chantre dit, qu'il ne peut vouloir
l'iniquité : d'où vient que le premier effet de la grace justifiante,
quand elle est respanduë dans vn
cœur, c'est d'en bannir le peché à
mort, & de luy donner la vie inte-
rieure par le saint amour, selon ce
que dit S. Iean, qui n'ayme point
(s'entẽd selon Dieu) est en la mort,
mais qui ayme est aussi-tost trans-
porté de la mort à la vie.

Dieu estant la mesme Sagesse, a
vne parfaite cognoissance de soy-
mesme, c'est à dire, qu'il se cognoist
eternellement & infiniment, luy
seul se pouuant cognoistre de cetté
sorte, & d'vne cognoissance si admi-
rable, que c'est d'elle que procede
la production du Verbe Eternel, du
Fils vnique de Dieu, qui est dans le
sein du Pere : & qui est appellé dans
nostre Symbole Dieu de Dieu, lumiere de lumiere, vray Dieu de vray
Dieu. Il est cette vraye lumiere qui

éclaire tout homme venant au monde : car Dieu est toute lumiere, que
les tenebres ne peuuent accueillir.
C'est donc du Pere des lumieres
que procede toute cognoissance,
soit naturelle, soit surnaturelle, &
par consequent toute illumination,
differemment toutefois ; car autre
est la lumiere de nature, autre celle
de la foy, qui n'a que des ombres,
des miroirs, des enigmes; autre celle de gloire, qui donne force à l'entendement du bien-heureux, pour
contempler la splendeur de la Diuinité, ce que Dauid appelle, voir
la lumiere dans la lumiere.

Dieu estant la mesme Bonté, &
se cognoissant non seulement tres-
parfait, mais la perfection mesme,
s'ayme autant qu'il peut & doit
estre aymé, c'est à dire eternellement & infiniment, & rien n'estant
eternel & infiny que Dieu, cet
Amour est Dieu, Amour essentiel.

qui est le S. Esprit, troisiesme personne de la tres-sainte Trinité. Et
c'est par cet Amour que Dieu com-
munique aux ames pures, & éclai-
rées que se consomme leur perfection, & auquel consiste le point
de leur vnion accomplie auec Dieu,
à raison de quoy la Charité est nom-
mée par l'Apostre, le lien de Perfection.

Comme Dieu influë en la Hie-rarchie Celeste.

§. XII.

Voicy donc comme Dieu exerce en la Celeste Hierarchie,
ces trois actes, de purgation, illumination, & perfection, respan-
dant immediatement en la premiere, qui est celle des Seraphins, Cherubins, & Tosnes, la Pureté, la
Co-

Cognoissance & l'Amour. La pureté fortifiant l'entendement de ces
esprits bien-heureux par la lumiere
de gloire, pour les rendre capables
d'enuisager la splendeur de sa diuine face. La Cognoissance, éclairant
leurs entendemés des rayons de son
visage, par lesquels ils le voyent &
cognoissent tel qu'il est & luy sont
faits semblables selon leur portée.
La perfection en les embrasant d'vn
ardant amour, conforme à leur pureté, & à leur cognoissance.

C'est ainsi que Dieu porte les
rayons purifians, illuminãs, eschauf-
fans, ou perfectionnans, dedans ces
belles & pures glaces des Ordres de
la premiere Hierarchie Angelique,
lesquelles portent leur reuerbera-
tion sur les Ordres de la Seconde,
en les purifiant, illuminant & perfectionnant, en la maniere qu'il
plaist à la Diuinité que se face cette
distribution. Les Ordres de la se-

C

conde Hierarchie, felon la proportion de la puiffance qui leur eft
communiquée, foit à receuoir, foit
à diftribuer, communiquent aux
trois Ordres de la troifiefme Hierarchie, ces puretez, illuminations,
& perfections, fans emulation, fans
enuie, fans jaloufie, à caufe de la
parfaite charité où tous ces efprits
bien-heureux font eleuez.

Ce qui fait dire à S. Denys (*cœl.*
Hierarch. c. 3.) que ce font des miroirs qui faintemēt remplis & com-
blez de la clarté qui leur eft infufe,
renuoyent fans enuie cette mefme
clarté à ceux qui les fuiuent, felon
l'ordre que Dieu mefme leur a pref-
crit. Que fi Salomon, fauorifé de
Dieu d'vne Sageffe furnaturelle, a
bien pû dire, que ce qu'il auoit appris fans feintife, il le communi-
quoit fans enuie, combien plus ju-
ftement le peuuent & dire & prati-
quer ces efprits celeftes, que le Pfal-

miste appelle à cause de leur amour,
des Ministres de feu & de flamme.

Et en L'Ecclesiastique.

§. XIII.

PAR la troisiesme Hierarchie
Angelique, Dieu par apres in-
fluë & répand dans la Hierarchie de
l'Eglise qui milite en terre, les puretez, illuminations & perfections
qu'il luy plaist de luy communiquer. Mais quelles font ces puretez, finon celles qui oftent le mal de
coulpe, & qui lauent les cœurs de
toute malice : car tant que le peché
regne en vn ame, il ne faut pas ef-
perer que la Sageffe celefte y faffe
fa demeure.

Quelles font les illuminations, finon celles qui procedent de la doctrine de la foy, & qui donnent la
cognoiffance des divins myfteres

Et quelles les perfections, sinon
celles que la grace respand dans les
cœurs par la charité qui y est infuse
par le Saint-Esprit.

Et sur qui les Anges de la troisiesme Hierarchie versent-ils premie-
rement & principalement les puretez, illuminations & perfections,
dans la Hierarchie de l'Eglise militante, sinon sur les Hierarques, afin
qu'ils les communiquent au saint &
sacré peuple, comme l'appelle saint
Denys (*Pistos Kai tos ieros laos,*
S. Denys de Eccles. Hierarch. c. 6.)

Doctrine excellente de saint Denys.

§. XIV.

A Raison dequoy, comme parle
S. Denys (*de cel. Hier. c. 3.*) il
est necessaire que ceux qui puri-

fient les autres, par vne abondante
force, & vertu de purifier qui leur
est donnée transmettent aux autres
la pureté qui leur est propre. Que
ceux qui illuminent, comme esprits
plus clairs & plus transparens, propres à receuoir & à communiquer la
lumiere, richemét remplis de splendeur & de clarté, doiuent renuoyer
comme des canaux & des conduits
la lumiere dont ils regorgent. Et
enfin il est du deuoir de ceux qui
perfectiónent, comme esprits forts,
sçauans & bien instruits, en la science de communiquer la perfection,
d'initier les autres qui en sont dignes, en la cognoissance & en la
participation des mysteres qu'eux-
mesmes ont veus & contemplez.

D'où il apparoist que tous les
rangs des Ordres Hierarchiques,
doiuent estre proportionnément
conduits & portez à cooperer auec
Dieu, en faisant par la grace & par

le pouuoir que Dieu leur donne, les
mesmes choses qui sont par nature,
& par dessus la nature en la Diuinité, & qu'elle opere d'vne maniere
qui est incomprehensible à tout
estre: lesquelles choses qui sont oc-
cultes en soy, se font voir & se pro-
duisent en euidence par le moyen
de la Hierarchie, autant qu'il est
possible aux esprits bien aymez de
Dieu, d'atteindre & de paruenir à
leur imitation. Iusques icy sont les
paroles du grand Areopagite, selon la belle & fidelle version d'vn
docte & pieux personnage de nostre temps.

Ordres de la Hierarchie de l'Eglise.

§. XV.

MAis qui sont donc ceux à qui
en la Hierarchie de l'Eglise,

il appartient par ordre, & par office, de purger, illuminer, & perfectionner les autres. S. Denys nous
l'apprend, distinguant toute la Hierarchie en trois rangs, 1. en celuy
des Liturges, Ministres ou Diacres
à qui il appartient de purger, 2. en
celuy des Prestres, dont l'office est
d'illuminer, & 3. en celuy des Euefques, dont la principale fonction
est de perfectionner ou d'enseigner
la perfection aux ames qui en sont
capables. Telle a esté la doctrine de
tous les Peres qui ont escrit sur ce
sujet apres S. Denys.

Et enfin elle a esté comme cano-
nisée & renduë de la foy par le sacré Concile de Trente, qui a pro-
noncé anatheme contre ceux qui
diront que la sainte Hierarchie de
l'Eglise n'est pas instituée de Dieu,
& composée des Euesques, Prestres
& Diacres. (*v.Concil.Trid.sess.23.
can.6.*)

C iiij

Et pour monftrer que le fainct
Concile n'entend pas eftendre la
Hierarchie ou facrée Principauté
de l'Eglife au delà du Clergé, il pro-
nonce vn autre anatheme (*feff. 23.*
c. 4.) contre ceux qui eftiment que
tous les Chreftiens foient Preftres,
& capables d'adminiftrer la parole
de Dieu, & les Sacremens, & de
faire les autres minifteres Ecclefia-
ftiques, fans aucune ordination :
comme confondans l'ordre Hierarchique, à qui ces fonctions appartiennent, & renuerfans toute police & difcipline fpirituelle.

Et de fait, qui prendroit la Hierarchie en fon ample fignification,
qui comprend, & les actions facrées, qui font de purger, illuminer,
perfectionner ; & les Miniftres de
ces fonctions, qui font les Purgeans,
Illuminans, Perfectiónans, ou pour
parler plus clairemént, les Diacres,
Preftres & Euefques : & ceux qui

font à purger, illuminer, & perfectionner, qui font les Laïques ou le
Peuple, feroit pluftoft vne defcri-
ption de l'Eglife Chreftienne &
Catholique, qui comprend tout cela dans fon enceinte, que de la Hierarchie ou facrée Principauté, qui
ne regarde proprement & précife-
ment, que ceux qui exercent les
fonctions faintes de Purgation, Illumination, & Perfection, fur ceux
du peuple qui font difpofez à les receuoir.

Ordres des Initiez.

§. XVI.

IL faut maintenát fçauoir, qui font
ceux du peuple qui feruent cõmé
la matiere à ces formes, & fur lefquels s'exercét ces facrées fonctiõs,
S. Denys qui eft noftre guide & noftre maiftre en cette matiere, range

les Laïques en trois classes ou rangs,
mettant au premier & plus bas rãg
les Cathecumenes, les Energumenes, & les Penitens publics : au second, le Peuple fidelle : & au troisié-
me & plus haut, les saints Moines
ou Terapestes, c'est à dire Culteurs
ou Cureurs, (car ce mot signifie
ces deux choses) comme qui diroit
ceux d'entre le peuple & les Laïques, qui estoient plus particulierement adonnez au culte & seruice
de Dieu , ce que nous appellons
maintenant les personnes deuotes.
Ou bien, selon le second sens, ceux
qui vaquoient particulierement, &
auec vne attention speciale, à la cure de leurs maladies interieures, &
spirituelles, qui sont les imperfe-
ctions, & le desordre des passions,
qui depuis pour cette occasion, &
pour l'estude de la sagesse Chrestienne, furent appellez Philoso-
phes.

Ceux-cy s'appelloient les Initiez, comme qui diroit ceux que l'on instruisoit des divins mysteres, & à qui l'on enseignoit les offices de pieté & de religion.

Des Initians.

§. XVII.

ET sur la premiere classe des Cathecumenes, Energumenes, Penitens presidoient les Liturges, ou Diacres, monstrans aux premiers les elemens de la foy Chrestienne, & les disposans au baptesme, imposans les mains sur les seconds, & exorcisans les esprits immondes qui les possedoient, & consolans & fortifians les troisiesmes par leurs remonstrances, de peur qu'ils ne perdissent courage en l'accomplissement des penitences publiques qui leur estoient enjointes.

C'eftoit là le propre office des Diacres dont les fonctions eftoient appellées purgatiues, & nommoit-on leur ordre purgeant ou purgatif (*catartikin taxin,*) & le rang des Laiques foumis à ces purgations l'orde qui eft purgé (*taxin Katai-romenin.*)

A la feconde Claffe eftoient prepofez les Preftres, qui, par l'adminiftration de la parole de Dieu, & des Sacremens, principalement de celui du Baptefme, appellé par S. Denys (*c. 2. de cæl. Hierarch.*) & par les anciens le Sacrement d'illumination, éclairoient le peuple fainct & fidelle, c'eft à dire les baptifez qui eftoient participans du diuin myftere de l'Euchariftie, & qui affiftoient à tous les Offices de pieté & de Religion.

Sur la troifiefme Claffe qui eftoit comme l'elite & la fleur du trou-peau des Laiques, fçauoir les faints

Moines ou personnes deuotes, l'intendance estoit reseruée aux Pontifes, ou Hierarques, c'est à dire aux Euesques qui prenoient vn soin special, de conduire vers la perfection Chrestienne, qui consiste essentiellement en la charité, ces personnes auancées en vertu, & que pour leurs ordinaires exercices de Pieté on appelloit Ascetes. Comme l'on nommoit l'ordre des Prestres illuminant (*Photistikin*) & celuy du sainct peuple, des illuminez, (*Theoritixin* ou *Photizomenin*) Aussi appelloit on celui des Euesques & Pontifes, Perfectif, ou Perfectionnant, (*Telestikin*) & celuy des Ascetes ou Terapeftes, Perfectionné, ou à perfectionner, (*Tetelesmenin.*)

Enseignement de S. Denys.

§. XVIII.

NOstre grand Areopagite (*c. 3. de cel. Hierar.*) parle ainsi des Initiez, c'est à dire de ceux qui sont purifiez, illuminez & perfectionnez. Il est necessaire, dit-il, que ceux qui sont purifiez soient rendus parfaitement purs & nets, & qu'ils soient affranchis & deliurez de la contagion de tout ce qui pourroit estre meslé d'étrange, & de dissemblable à leur nature. Il faut aussi que ceux qui sont illuminez soient remplis de lumiere diuine, & affermis en l'habitude & au pouuoir de contempler les choses diuines auec les yeux, chastes de l'entendement. De mesme il est besoin que ceux qui sont perfectionnez, soient receus à la participation de la science, par

laquelle eft conferée la perfection
des myfteres, à la veuë defquels ils
ont efté admis. Iufques icy S. Denys, de qui nous apprenons :

1. Que les fonctions ou actions
Hierarchiques font de purger, illuminer, perfectionner : 2. Que les
Hierarques, Miftes, ou Miftaguo-
gues font de trois rangs, 1. les Miniftres, Liturges ou Diacres, qui
purgent, 2. les Preftres qui illuminent, 1. les Euefques qui perfectionnent. En 3. lieu, que les Initiez, ou
ceux fur lefquels font exercées les
fonctions Hierarchiques, font les
Laïques partagez en trois bandes.
La 1. des Cathecumenes, Energumenes, & Penitens, qui font purifiez par les Diacres : La 2. le Peuple faint & fidelle, illuminé par les
Preftres. La 3. les Moines ou Terapeftes, perfectionnez par les E-
uefques. Tel eft l'ordre de la Hierarchie Ecclefiaftique, tant en fes

fonctions, qu'en ceux qui les exercent, qu'en ceux fur qui elles font
exercées, felon ce que dit S. Denys
(*ch. 3. de la cel. Hierar.*) dont voicy
les mots. L'ordre de la Hierarchie
confifte, en ce qu'il faut que les vns
foient purifiez, & que les autres pu-
rifient; que les vns foient illuminez,
& que les autres illuminent; que les
vns foient perfectionnez, & que les
autres perfectionnent. Car il n'eft
pas loifible, ni à ceux qui initient,
ni à ceux qui font initiez aux faints
myfteres, de faire aucune fonction
qui ne foit pas de l'ordre auquel ils
font eftablis. Dautãt qu'ils ne pour-
roient pas mefme fubfifter autrement, s'ils font defireux de cette
belle & claire lumiere qui deïfie, &
s'ils iettent refpectueufement les
yeux fur elle, & s'ils veulent s'y
moûler & s'y conformer, felon le
rapport qu'ils ont auec chacune des
faintes intelligences, ainfi parle noftre

stre diuin Areopagite.

Ceci nous enseigne que la Hierarchie estant vne sacrée Principauté, qui consiste à conduire les ames à Dieu & à son seruice en les purgeant, illuminant & perfectiōnant, en les purgeant de leurs vices & deffauts, en les illuminant par la cognoissance & la prattique de la foy & des autres vertus, & en les perfectionnant par l'exercice de la charité, & le progrez en la grace, il n'y a que ceux qui exercent ces fonctiōs qui y ayent lieu, & non ceux qui sont sujets, & sur qui elles sont exercées, sçauoir les Laïques, parce qu'il est impossible qu'vn mesme sujet soit agent & patient tout ensemble, & que ceux qui sont soumis soient, superieurs ou inferieurs, gouuernans & gouuernez en mesme temps.

De la puissance de l'ordre & de jurisdiction.

§. XIX.

REduisant donc la Hierarchie dedãs ses propres termes, c'est à dire dans les rangs de ceux qui exercent les fonctions Hierarchiques de purger, illuminer & perfectionner, nous remarquerons auec les Theologiens, que les Hierarques ou personnes sacrées ont vne double puissance, l'vne d'Ordre, l'autre de Iurisdiction, & que nul n'est plainement de la Hierarchie s'il n'a l'vne & l'autre, & qui n'en a qu'vne des deux n'y est qu'en partie, c'est à dire inçoatiuement & imparfaitement.

Ainsi les Euesques esleus, & non consacrez, & ceux qui obtiennent

des Cures & des Archidiaconez, ou
autres dignitez Ecclesiastiques qui
ont jurisdiction, auāt qu'auoir l'Ordre de Prestrise, ne sont qu'incom-
pletement de la Hierarchie, dautant que pour en estre d'vne façon
entiere & complete, il faut auoir
l'vne & l'autre puissance.

Il en est de mesme des Euesques,
Curez, Archidiacres, suspendus,
interdits, ou deposez, ou qui ont
volontairement quitté leurs charges & jurisdictions, ils ne sont dans
la Hierarchie que d'vne façon non
complete, non quant à l'Ordre &
au caractere, mais quāt à la puissance de jurisdiction, & à la superiorité
sur les ames, puis qu'ils n'ont plus de
peuple, & ne peuuent plus exercer
les fonctiōs Hierarchiques que par
subordination à ceux qui sont Pasteurs ordinaires, & par leur mission
ou permission.

Quant à la puissance de l'Ordre,

elle vient immediatement de Dieu, & est egale entre tous les Euesques honorez du caractere Episcopal, & entre tous les Prestres honorez du Sacerdotal, & entre tous les Diacres honorez du Diaconal. (*v. Bellarm. l. 4. du Pontif. Rom. c. 22.*) il n'en est pas ainsi de celle de jurisdiction, car outre qu'elle n'appartient qu'à ceux qui sont ordonnez à la conduite des peuples, elle n'est pas egale en tous, car celle des Curez est beaucoup moindre que celle des Euesques, & celle des Euesques, que celle du Pontife souuerain.

Or quand ces deux puissances d'Ordre & de Iurisdiction concourent en vne mesme personne, alors elle est plainement & parfaitement dans la Hierarchie, & elle tient rang dans la sacrée Principauté de l'Eglise. Et parce que c'est principalement en la puissance de Iurisdiction, jointe à l'Ordre, que consiste

la Hierarchie, il eſt neceſſaire de
ſçauoir ſa diſtinction, pour ne tom-
ber dans la confuſion par l'equiuo-
que.

Diſtinction de Iuriſdiction, & 1. de la Propre.

§. XX.

1. **D**Onc il y a vne Iuriſdiction
ordinaire, & vne autre deleguée : 2. Quant à l'ordinaire elle
eſt ou Propre ou Commune. 3. Quāt
à la deleguée, elle eſt ou Vicariale,
ou Priuilegiée. Ie m'explique.

La Propre, c'eſt celle qui appartient de droit commun, ſoit diuin,
ſoit Eccleſiaſtique, aux Paſteurs
chargez des ames, leſquels ne pou-
uans exercer leurs charges ſans iuriſdiction, l'exercent directement
& par eux-meſmes. Telle eſt la ju-

rifdiction du Pape, des Euefques,
des Curez, laquelle, quoy que di-
uerfes, la premiere eftant fouuerai-
ne, & les deux autres fubalternes
& fubordonnées, elles font pourtant diftinctes, & chacun a fa charge differente des autres, & doit refpondre des ames qui luy font commifes, au Prince des Pafteurs &
Euefque de nos ames I. C. De cette
jurifdiction des propres Pafteurs, le
droit Canonique parle amplement.

De la Commune.

§. XXI.

LA Iurifdiction Commune eft
celle qui s'exerce conjointe-
ment, auec vn ou plufieurs. Telle
eft celle du facré College des Cardinaux de la S. E. R. que S. Bernard
appelle les anciens du peuple, &
les Iuges du monde (*de confd. l. 4.*)

le Concile de Basle (*sess. 23.*) les
Collateraux du souuerain Pontife
en la conduite de la Republique
Chrestienne, que Iean XXII. nomme partie du corps du Prince, c'est
à dire du grand Hierarque de l'E-
glise, le Successeur de S. Pierre,
(*extrau. execrabilis de prebend.*) à
raison dequoy ils sont en la Hierarchie, dautant qu'vnis au Chef visible de l'Eglise, comme ses Conseil-
lers & Assesseurs, ils ont en quelque maniere part à son authorité &
à sa Iurisdiction, par la communication qu'il leur en fait.

Le mesme peut-on dire des Chanoines Cathedraux, des Archidiacres, qui sont appellez les Conseil-
lers des Euesques, leurs Assesseurs,
les yeux des Euesques, le Senat des
Prestres par S. Gregoire de Nazian-
ce (*orat. 2.*) & par S. Hierosme (*in
cap. 3. Isa.*) les membres de l'E-
uesque qui est leur Chef, par saint

Cyprian (*de singul. Cleric.*) & par
les Papes Alexandre III. (*ca. noxit.
de bis quæ fiunt à prælat. fine conf.
cap.*) & Innocent III. (*c. requififti
extr. de teftamen.*)

On peut encor en quelque façon
eftendre cela aux Preftres habituez
dans les grandes parroiffes, qui ay-
dent aux Curez en l'adminiftration
des Sacremens, & aux autres fonctions qui leur font commifes, &
qui font vn mefme corps auec le
Curé, qui eft leur Chef. Car la jurifdiction qu'ils exercent (au moins
au for interieur) eft conjointe à celle du Curé, qui les appelle en la
part de fa folicitude Paftorale.

La Deleguée Vicariale.

§. XXII.

LA Iurifdiction deleguée eft
double ou reprefentatiue, &

Vicariale, ou priuilegiée, qui n'est
qu'vn simple & nud ministere, sans
representation personnelle du dele-
guant. La premiere au regard du
souuerain Pontife est celle de ses
Legats, que l'on appelle commu-
nement *à Latere*, ou Collateraux,
ou comme parle M. le Cardinal du
Perron, du propre flanc du Pape.
Tels sont les Nonces Apostoliques, principalement ceux qui ont
les pouuoirs ou facultez des Legats
du flanc. Tels sont en certaines oc-
currences les Commissaires Apostoliques, qui representent la propre personne du Souuerain Pontife,
selon les honneurs & les pouuoirs
qui luy plaist de leur communiquer.

Tels sont les Vicaires generaux,
les Officiaux, Promoteurs, Archiprestres, Penitentiers, Visiteurs, &
autres Officiers exerçans les fonctions de la Iurisdiction de l'Euef-

que repreſentans ſa perſonne &
agiſſans par ſon authorité. Tels auſſi
ſont les Vicaires des Curez, Recteurs, ou Paſteurs Parroiſſiaux,
qui repreſentent leurs perſonnes,
& font les meſmes fonctions que
pourroit faire le Curé s'il eſtoit pre-
ſent.

La Priuilegiée.

§. XXIII.

IL n'en eſt pas ainſi de la dele-
gation Priuilegiée, parce que le
priuilege, qui eſt vn loy priuée deſ-
rogeante au droit commun, ne met
pas celuy qui l'exerce dans la Hierarchie ordinaire par maniere de
repreſentation directe & commune, mais d'vne façon indirecte &
extraordinaire, outre la loy commune, qui leur fait receuoir vn mi-
niſtere ſimple & nud, ſans repre-

sentation de la dignité, ni de la personne deleguante, sans rang & sans
honneur special, n'estans que des
aydes extraordinaires appellez au
secours des Pasteurs ordinaires, par
l'ordre, mission, permission, & commission des mesmes Pasteurs, &
auec subordination à leur Pastorat.

Si les Cenobites, Conuentuels, sont de la Hierarchie.

§. XXIV.

CES fondemens estans jettez,
il est question maintenant de
sçauoir, si les Moines, Cenobites,
Icetes, Ascetes, Euchites, ou Conuentuels, & de quelque nom qu'on
les vueille appeller, comme tels,
sont de la Hierarchie hierarchisante, c'est à dire des Initians, des Princes sacrez ou Pasteurs, ou bien du

rang de ceux qui font à initier, c'eſt
à dire de l'ordre des Laïques : ou,
pour exprimer cecy plus clairemét,
s'ils font du Clergé, ou du Peuple,
en qualité de Cenobites.

Il n'eſt pas croyable que ceux qui
ne font pas Clercs, ni dans les Ordres ſacrez, & qui portent le titre
de freres Laïques, Seruans ou Con-
uers, vouluſſent s'attribuer le titre
de Hierarques, Preſtres, ou Diacres, n'eſtans ni Paſteurs, ni Do-
cteurs, ni ſucceſſeurs des Apoſtres,
ni des Diſciples, ni adminiſtrateurs
de la parole de Dieu, ni diſpéſateurs
des diuins myſteres, ni capables de
purger, illuminer & perfectionner
les autres, au moins par eſtat, office
& miſſion Ordinaire. Autrement il
faudroit mettre au rang de la Hierarchie des Miſtaguogues, & Initians, les ſimples Moniales, que
leur ſexe rend irregulieres, c'eſt à dire incapables d'aſpirer aux Ordres
ſacrez.

Le fort donc de la difficulté bat
à ſçauoir, ſi les Cenobites, comme
Preſtres, & Preſtres Priuilegiez,
& Exempts de la Iuriſdiction des
Ordinaires, appartiennent à la Hierarchie Paſtorale, ſans diuiſer ſon
vnité, ou s'ils font vne Hierarchie
particuliere, de nouuelle inuention
& inſtitution.

Hierarchie nouuelle & pri-
uilegiée.

§. XXV.

CE qui me fait dire cecy eſt vne
doctrine, non ſeulement pleine de nouueauté, & incogneuë à
tous les ſiecles du Chriſtianiſme,
mais auſſi de merueilleuſe conſe-
quence, que j'ay rencontrée dans
vn fameux Caſuiſte Conuentuel,
appellé Emanuel Rodriguez, qui a

fait trois volumes de Queſtions regulieres, & deux autres qui font vn
Recueil & vne Compilation de
Bulles Apoſtoliques touchant les
Priuileges des Conuentuels, ouurage fort eſtimé par tous ceux de cette
condition, & qui leur ſert comme
d'eſpée & de bouclier.

Cet Autheur, Portugais de nation, & Minoritain de Profeſſion,
(*to. 1. Reg. Queſt. queſt. 12. a. 5.*) dit,
que parmy les Inſtituts Cenobitiques, & particulierement au ſien,
il **y a** vne Hierarchie particuliere
formée ſur le modelle de la Hierarchie Eccleſiaſtique : & pour aller
rondement & nettement en beſoi-
gne, nous rapporterons ſes propres
mots, que voicy.

Il y a, dit-il, pluſieurs eſpeces de
Prelats Reguliers : Car les vns ſont
Prelats Conuentuels, comme les
Gardiens, les Prieurs, les Preuoſts
ou Prefects, Recteurs, Miniſtres,

Abbez & autres Superieurs des particuliers Monasteres : les autres president *aux Prouinces*, & sont appellez *Prouinciaux* : d'autres sont Superieurs de tout l'Ordre, & sont nommez *Generaux*. Mais en l'Ordre des Mineurs il y a vn autre genre de Prelats, qui sont nommez *Custodes*, de qui l'authorité, quant à la jurisdiction, est Episcopale. Car vne Custodie est comme vne espece de Diocese, qui a ses limites, où il y a plusieurs Conuens, auec leurs Gardiens, qui sont tous sujets au Custode, qui est leur Prelat ordinaire, selon la Regle du Serafique Pere S. François.

A raison de quoy, comme vn Euesque fait son Synode, en conuoquant ses Archiprestres & Curez ; ainsi le Custode peut assembler son Chapitre Custodial, en amassant les Curez de sa Custodie. Et les Prouinciaux en l'Ordre des Mi-

neurs, ont vne puiſſance de juriſdiction à la façon des Archeueſques.
Car comme les Archeueſques, pre-
ſident à vne Prouince, en laquelle
il y a pluſieurs Eueſques ſubjets en
quelque maniere au Metropolitain.
De meſme les Miniſtres Prouinciaux ſont Superieurs d'vne Prouince proprement appellée, en laquelle il y a des Cuſtodes qui ont
juriſdiction Epiſcopale, & Dioceſe
ou Cuſtodie, leſquels Cuſtodes ſont
ſubjets aux Prouinciaux.

Et comme vn Archeueſque, auſſi
le Miniſtre Prouincial peut de droit
cõuoquer tous les Cuſtodes & Prelats de ſa Prouince au Chapitre Prouincial; & ainſi les Prouinciaux du
ſacré Ordre des Mineurs, ſont plus
proprement & plus veritablement
Prelats Prouinciaux, que ceux des
autres Ordres qui n'ont point de
ſemblables Cuſtodes.

Quant aux Generaux de ce ſacré
Ordre,

Ordre, ils ont authorité de Iurisdiction, comme les Primats & Patriarches. Car comme le Primat, qui ne differe du Patriarche que quant au nom, comme dit le Pape Anaclet (*c. Prouincia* 99. *dist*) preside à vne Nation, en laquelle il y a plusieurs Euesques qui sont Prelats Prouinciaux. Ainsi le Ministre General est Superieur de tout l'Ordre, auquel il y a plusieurs Ministres Prouinciaux & Custodes, qu'il peut appeller & conuoquer tous au Chapitre General de tout l'Ordre des Mineurs.

Pour raison de quoy, le Serafique Pere S. François est iustement nommé par l'Eglise le *Patriarche des pauures,* non seulement parce qu'entre les pauures Euangeliques (outre ou hors les Apostres & Disciples de N. S.) il a obtenu *la primauté* : mais parce qu'il a esté le premier Ministre General de l'Or-

dre Serafique ayant *jurisdiction Pa-*
triarchale sur tous les Freres Mineurs, estendus par toutes les nations de la terre.

De ce que nous venons de dire on
peut recueillir, que l'Ordre des Mineurs est tres-proprement institué
sur le modelle de l'Eglise Catholique Romaine. Car comme toute la
Hierarchie Ecclesiastique est composée des Curez, Archiprestres,
Euesques, Archeuesques, Primats,
& Patriarches, qui tous sont sujets
& soufmis au Souuerain Pontife.
Ainsi la Hierarchie des Mineurs,
consiste aux Prestres Confesseurs,
qui sont *comme Curez* : aux *Gar-*
diens, qui sont *comme Archipre-*
stres : aux *Custodes,* qui sont comme *Euesques* : aux *Prouinciaux,* qui
sont comme *Archeuesques* : & aux
Generaux, qui sont comme *Pri-*
mats & Patriarches, qui tous sont
soufmis au Souuerain Pontife, non

seulement de droit diuin, comme
tous les autres Chrestiens; mais
aussi par le *special Institut de la Regle*, tous les professeurs de laquelle
sont tenus d'estre subjets, & d'estre
sousmis *aux pieds* de la sainte Eglise
Romaine.

Iusques icy sont les paroles de ce
renommé personnage, de qui les volumes, accompagnez de toutes les
Approbations necessaires, ont eu vn
tel cours, qu'ils ont esté plusieurs
fois imprimez, tant en Espagne,
qu'en Italie, France, Alemagne,
Flandres, & de qui les decisions sont
tenuës à vn haut prix par tous ceux
qui font profession de la vie Cœno-
bitique.

Cette doctrine est examinée.

§. XXVI.

DOctrine pourtant, dont on ne trouuera aucune trace en toute l'antiquité ; & outre la nouueauté, qui est tousiours suspecte en matiere de Religion, & de discipline oû police Ecclesiastique, qui met ouuertement la diuision dans la Hierarchie Ecclesiastique, à qui, aussi bien qu'à l'Eglise, l'vnité est tellement essentielle, qu'elle cesse d'estre quand elle n'est plus vne. Il nous la faut considerer de plus pres, & l'examiner à parcelles.

1. Le mot de Prouince & de Prouinciaux est ambigu, & s'ils veulent dire qu'ils president sur les ames & sur les peuples des Prouinces, chacun sçait qu'il n'est pas ainsi ; oüy bien que par Priuilege ils ont jurif-

diction sur les Superieurs & les freres des Conuens d'vne Prouince.

2. Il ne se trouuera point deuant la Regle Serafique, c'est à di e deuant le douziesme siecle, que l'on ait veu dans l'estat Conuentuel des Prouinciaux auparauant ce temps-là, sous les Regles des SS. Basile, Augustin, Benoist, chaque Conuent faisoit son corps ; vn Frere, selon le mot sacré, ne passoit point de maison à autre ; & pour les obliger à estre estoilés fixes, plutost que planettes errantes, on leur faisoit promettre en leur professiõ stabilité au lieu où ils faisoient estat de chanter les justifications de Dieu durant le temps de leur mortel pelerinage.

3. Beaucoup moins trouuera-t'on le mot de General, ou Generaux, pour commander en tout vn Ordre, estendu par toutes les nations de la terre, qui est vn espece de petite Papauté : chaque Mona-

ſtere faiſoit ſa particuliere Congre-
gation, & eſtoit ſouſmis à ſon Hierarque Ordinaire, l'Eueſque Dio-
ceſain, duquel il y auoit appel à l'Archeueſque, de là au Primat, puis au
Patriarche, & en fin au Pape : ou
n'alloit point à la fin, ſans paſſer par
les moyens ou milieux.

4. I'ay fueilleté les deux volumes
du Recueil des Bulles Apoſtoliques
de l'Autheur que ie conſidere, où ie
n'ay point remarqué que la Iuriſdiction Epiſcopale, comme il dit, ſoit
donnée aux Cuſtodes en l'Ordre
des Mineurs, non pas meſmè dans
la plus ample de toutes pour cet In-
ſtitut, appellée grande mer. Donnée par Sixte IV. qui commence,
Regimini vniuerſalis Eccleſia. Ie n'y
ay pas leu non plus, qu'vne Cuſtodie fuſt vne eſpece de Dioceſe.

5. I'y ay auſſi peu remarqué ce *Patriarchat* ou *Primauté* des pauures Euangeliques, ſoit au deſſus,

soit à l'exception (car le mot de
prater signifie l'vn & l'autre) des
Apostres & Disciples de I. C. soit
à l'exclusion, ou par preeminence
des autres Instituteurs des Ordres
Cenobitiques.

6. Ie n'y ay point ven cette Iurisdiction Patriarchale qu'il attribuë
au Ministre General de l'Ordre des
Mineurs.

7. Encor moins y ay - je apper-
ceu que la Hierarchie de l'Eglise,
qui est d'institution d vine, comme
dit le Concile de Trente, ne soit
que le modelle de la Hierarchie Ce-
nobitique, laquelle à ce compte seroit plus excellente que la Hierarchie de l'Eglise Catholique, dautant qu'vn bastiment est tousiours
de plus haute estime que son modelle, qui n'est qu'vn plan racourcy,
fait en carton, ou en bois, de com-
position petite & legere.

8. Il n'y a point, que les Prestres

Cenobitiques qui ont la faculté de
prefcher & d'adminiftrer les Sacremens, foient comme Curez, & ayent
mefme pouuoir que les Curez, ni
que les Gardiens ou Superieurs des
Conuens foient en mefme degré
que les Archipreftres, ou Archidiacres, qui ont jurifdiction dans les
Dioceses fur certain nombre de
Cures & de Curez.

9. Il n'y eft point dit, que les Cu-
ftodes foient Euefques, ni les Prouinciaux Archeuefques, ni les Generaux Primats & Patriarches.

10. Ie n'y ay point rencontré que
l'Inftitut fpecial des Mineurs y fuft
plus foufmis au Souuerain Pontife
que les autres Chreftiens, ni que les
autres Inftituts Cenobitiques : ni
mefme qu'il fuft comme l'efcabeau
des pieds de l'Eglife, fi l'Eglife a des
pieds, finon par figure.

11. En l'article fuiuant, qui eft le 6.
Il dit que les Gardiens & les autres

Prefects ou Superieurs des Conuës
font vraymēt Prelats, ayans dignité
Ecclefiaftique, auec pouuoir d'e-
ftre Iuges Apoftoliques. Iene lis rien
de tout cela dans les Grandes Mers
des Priuileges de tous les Ordres.

Suite de cet examen.

§. XXVII.

SEulement on lit bien dās le droit
Canon, que les Abbez, mefmes
Commendataires, peuuēnt porter
letitre de Prelats, comme auffi les
Curez font appellez Prelats Moindres, c'eft à dire Pafteurs fubalternes & inferieurs aux Euefques, qui
font les Prelats Majeurs de l'Eglife,
n'y ayant point de plus haut caractere que le leur en la Hierarchie
Ecclefiaftique. (v. S. Tho. 2. 2. q. 188.
a. 4. & 3. q. 67. a. 1. ad 2.)
Surquoy je penfois, pourrehauf-

ser encor la doctrine de ce bon Personnage, que les Curez estans Prelats Mineurs, & les Mineurs qui
sont Prestres estans Curez, selon
son opinion, ce sont autant de Prelats, & ainsi il eust mieux fait de
donner aux Gardiens la qualité d'E-
uesques, que celle d'Archiprestres
ou Archidiacres, & aux Custodes
celle d'Archeuesques, & aux Prouinciaux celle de Primats, & aux
Generaux celle de Patriarches,
conformement au Patriarchat du
grand S. François, qui ne fut jamais
Prestre, par vne tres-sainte & tres-
parfaite humilité, suiuant laquelle
il est aisé à juger s'il aspira iamais à
la dignité & à la jurisdiction Patriarchale.

La distribution de cette Hierarchie sembleroit plus propre en cette derniere façon, sans ramasser en
la personne du General les deux
qualitez de Primat & de Patriar-

che: que s'il y faut trouuer le rang
des Archipreſtres, ou Archidiacres, qui ſont les yeux de l'Euefque,
on le pourroit donner aux Vicaires
ou Souſprieurs, qui repreſentent la
perſonne des Superieurs Conuentuels, & qui ont intendance ſur les
Preſtres Conuentuels, qui ſont tous
Prelats Mineurs comme les Curez.

Difficulté vuidée.

§. XXVIII.

D'Autre part il naiſt vne difficulté, quel titre on pourra
donner aux Cardinaux Protecteurs
des Ordres, principalement de celuy des Mineurs, qui eſt obligé par
la Regle Seraphique, d'en auoir vn
qui ſoit *le Gouuerneur & Corre-*
cteur, dit le texte, *de toute la fra-*
ternité. Toutesfois quand on conſi-
derera qu'il y a dans le droict deux

fortes de Patriarches, les vns qui
s'appellent Moindres, comme celuy
d'Aquilée, de Venife, de Bourges,
& femblables ; d'autres Majeurs,
comme les quatre grands Patriarches d'Orient, qui font ceux d'An-
tioche, d'Alexandrie, de Conftan-
tinople, & de Ierufalem, on pourra
dire que le General fera comme vn
Patriarche Mineur, & le Cardinal
Protecteur comme Patriarche Ma-
jeur, duquel on peut immediatement appeller au Pape, qui eft le
Patriarche de tous les Patriarches.

Que cette doctrine eft dan-gereufe.

§. XXIX.

MAis apres tout, furquoy eft
fondée cette feconde Hierarchie, que l'on peut appeller de nou-

uelle impreſſion, ſinon ſur la propre imagination de celuy qui depuis trois iours l'a inuentée. Si encor cela ne paſſoit que pour vne al-
legorie ou ſimilitude Moralle, on
pourroit ſupporter ces gentilles
conceptions : Mais qui ne voit que
cela bat à la ruine totale de l'vnion
de l'Egliſe, & au renuerſement de
l'Vnité de la Hierarchie, c'eſt à dire
à eſbranler tous les fondemens de la
police & diſcipline Eccleſiaſtique.

Car il n'eſt pas ſeulement icy queſtion de mettre vne diuiſion, ou ſe-
paration, entre les Cenobites, & les
Paſteurs Ordinaires, qui ſont les
Eueſques, & les Curez, exemptant
ceux-là de la juriſdiction, correction, & obeïſſance de ceux-cy, au
faict de la police Clauſtrale & Conuentuelle. Bien qu'au commence-
ment il ne fuſt pas ainſi, & que durant douze ſiecles, & pendant le
plus pur & le plus parfait eſtat Ce-

nobitique, ceux qui en ont fait profeſſion ayent veſcu ſous la conduite & juriſdiction des Prelats Ordinaires, & Hierarchiques, qui ſont
les Eueſques. Neantmoins, puis
qu'il a pleu au Souuerain Hierarque & Monarque de l'Egliſe le Succeſſeur de S. Pierre, leur donner ces
exemptions pour des conſiderations
tres-juſtes & tres-importantes, il
les faut reuerer & non pas examiner. Toutefois il ne ſe trouuera jamais dans aucune Côſtitution Pontificale, ni dans aucune Bulle de
Priuilege, que l'intention du Souuerain Pontife ait jamais eſté d'eſta-
blir deux Hierarchies diſtinctes &
ſeparées, l'vne Ordinaire, & l'autre
de Priuilege.

Plenitude de puissance du Souuerain Pontife.

§. XXX.

COmme il est de la plenitude de puissance de l'authorité Souueraine, de la Monarchie, de la souueraineté independante du Vicaire de I. C. de restreindre ou d'estendre les pouuoirs des Euesques, & Prelats qui luy sont inferieurs & subjets, nul Catholique ne peut douter de la puissance illimitée & souueraine qu'il a en l'Eglise, sur l'Eglise, & independante de l'Eglise: & comme il se reserue certains cas au for interieur, qu'il ne se puisse reseruer certaines personnes au for exterieur, & les exempter de la subjettion des Hierarques Ordinaires; ausquels, sans le Priuilege,

elles feroient foufmifes, & commifes de droict commun.

La queſtion n'eſt donc pas deſa
puiſſance ſouueraine, qui eſt ſans
bornes pour ce regard; mais elle eſt
de ſa volonté, qui doit eſtre expreſ-
ſe & manifeſte pour donner couleur
& fondement à cette nouuelle Hierarchie: & c'eſt ce qui n'apparoiſt
point, au moins dans les Bulles
Apoſtoliques de la Compilation de
Rodriguez, ni dans celles du grand
Bullaire, qui ſont venuës à ma co-
gnoiſſance.

Difficulté conſiderable.

§. XXXI.

LA difficulté paſſe encor plus
auant: car quand il y auroit vne
Hierarchie nouuelle, formée pour
les ſeuls Cenobites, en qualité de
Cenobites, tout à fait diſtincte &
ſeparée

separée, de celle du Clergé Pasto-
ral, marquée au Concile de Trente,
au lieu que nous auons cité : par laquelle, les Superieurs, en qualité
de Hierarques, exerçassent les fon-
ctiós Hierarchiques, de purgation,
illumination, perfection, sur leurs
propres subjets Cenobites, tousiours auec rapport au Souuerain
Hierarque de l'Eglise, le Vicaire de
N. S. cela ne partageroit pas tant
les Chrestiens, & mettroit pluftost
vne distinction & diuersité, que diuision, & separation, ou redouble-
ment en la Hierarchie.

Mais quand il est question d'exercer les fonctions Hierarchiques sur
les peuples & les Laïques Seculiers, dont les Euesques & les Cure z
ont toute la charge, qui sont responsables de toutes ces ames deuant
le tribunal du Dieu viuant, qui portent le poids de la chaleur & du
jour : l'importance est de sçauoir,

F

ſi ces peuples ſont gouuernez par
deux Hierarchies, non differentes
ſeulement, mais comme oppoſées,
l'vne Ordinaire, l'autre Extraordinaire, l'vne de droict Diuin, l'autre
de droict humain & poſitif, l'vne de
droict commun, l'autre de droict
priuilegié : l'vne de Paſteurs, auec
charge d'ames ; l'autre de Paſteurs
ſans charge d'ames : l'vne de Prelats
Maieurs & Mineurs, ayans charge
ſans gouuernement, l'autre de Prelats Majeurs & Mineurs ayans le
gouuernement ſans charge : l'vne
de Paſteurs reſponſables des ames
qu'ils ne conduiſent point, l'autre
de Paſteurs priuilegiez conduiſans
les ames ſans en eſtre reſponſables ;
l'vne de Paſteurs d'obligation, l'autre de Paſteurs non obligez, mais
volontaires : l'vne de Paſteurs attachez à leurs reſidences, & tenus de
veiller ſur les troupeaux qui leur
ſont commis ; l'autre de Paſteurs

allans çà & là sans stabilité à aucun
lieu, & sans aucune subordination
aux Pasteurs Ordinaires des lieux.

Objection.

§. XXXII.

MAis, dira-t'on, les Cenobites
sont priuilegiez & exempts
de la jurisdiction & obeissance des
Pasteurs Ordinaires, inferieurs au
Souuerain Pontife, cela est clair &
euident dans leurs Bulles de priuilege; Oüy certes en ce qui regarde
la police Claustrale & la discipline
Conuentuelle ; mais en ce qui concerne les fonctions Clericales, Pastorales & Hierarchiques, qu'il faut
que les Hierarques & Pasteurs exercent sur les peuples cõmis à leur cõ-
duite & gouuernement, & des ames
desquelles ils sont chaigez & respõ-
sables, la question est de sçauoir s'ils

font exempts de toute foufmiffion
& fubordination aux pafteurs Ordinaires; & s'ils les exercent immediatement par commiffion du pontife Souuerain, que nul Catholique
ne doute eftre le pafteur general &
vniuerfel de toute l'Eglife, & le propre pafteur de chaque fidelle en
particulier, ou fi c'eft la volonté du
Souuerain pontife, qu'ils les exercent auec dependance des Ordinaires, & auec rapport à leur authorité.

Car s'il entend que ce foit auec
fubordination aux pafteurs Ordinaires, & dependance d'eux, il n'y
a rien qui heurte l'Vnité de la Hierarchie, parce qu'aux chofes diftinctes la fubordination fait ou main-
tient l'Vnité : Mais fi c'eft fans aucune dependãce ou fubordination,
il eft manifefte que l'Vnité de la
Hierarchie ceffe, qu'elle eft partagée en deux : & quelque rapport

qu'il y ait à vn mesme Chef, le Pontife Souuerain, il appert qu'il y a
double corps de Pasteurs & de Hierarques, l'vn Ordinaire, l'autre Extraordinaire, l'vn de droict commun, l'autre de droict priuilegié,
& particulier : l'vn d'institution Diuine, l'autre d'institution Ecclesiastique : l'vn auec toute la charge des
ames, & vne fort foible partie de
leur gouuernement ; l'autre auec vn
gouuernement fort grand, libre,
estendu, puissant, sans aucune charge des ames, & de là les mes-intel-
ligences entre les Pasteurs d'Abra-
ham & de Loth : de là les debats
d'Esaü & de Iacob, d'Isaac & d'Is-
maël, de Marthe & de Marie : de
là les contestations des Anges sur le
corps de Moyse.

De l'intention des Souuerains Pontifes en la concession des priuileges.

§. XXXIII.

IL faut donc sçauoir, si l'intention des Souuerains Pontifes, en la distribution des Priuileges dõt ils ont fauorisé les Cenobites, a esté selon l'opinion de ce Docteur, d'establir vne nouuelle Hierarchie, distincte & separée de l'ancienne, sans aucune ligne de communication, ni de subordination de l'vne à l'autre; c'est à dire, s'ils ont voulu que les Conuentuels administrans la parole de Dieu & les Sacremens aux Laïques, dõt ils ne sont point Pasteurs, ne tirassent leur mission, & jurisdictiõ deleguée & extraordinaire que du S. Siege immediatement, & non

des Pasteurs Ordinaires subalternes aux souuerains Pontifes.

D'où il appert, que nous ne trait-
tons pas icy la question de droict ;
mais celle de faict , non celle de la
plenitude de puissance , & de l'authorité Monarchique & Absoluë du
Souuerain Pontife , que nous tenõs
illimitée pour ce regard ; mais seulement celle de sa volonté , qui doit
seruir de loy & de regle en cette
matiere : qui est de sçauoir si le Vicaire de I. C. en donnant aux Cenobites les priuileges d'administrer la
parole de Dieu & les Sacremés aux
peuples, ce qui de droict commun
ne leur appartient pas, ne les a soumis en rien aux Pasteurs Ordinaires ; mais a voulu qu'ils exerçassent
ces fonctions Hierarchiques sur les
oüailles qui sont de droict Diuin
commises aux Pasteurs Diocesains
& Parroissiaux , sans defferance ,
sans dependance, sans soufmission,

F iiij

ſans ſubordination à eux, entendant
que leur ennoy procedaſt immediatement du Sainct Siege Apoſtoli-
que.

Sur ce ſujet j'aduouë que quelque
diligĕce que i'aye apportée à fueïl-
leter les Bulles des Priuilegiez, dōt
il y a tāt de Volumes & de Recueils,
ie n'ay iamais rencontré en termes
clairs & exprés en aueune Conſti-
tution Pontificale, que pour le regard des fonctions Clericales & Paſtorales, telles que ſont la Predication & l'adminiſtration des Sacremens aux fidelles Laïques, ils fuſ-
ſent independans des Ordinaires, &
qu'ils tiraſſent leurs miſſiōs & commiſſions immediatement du Saint
Siege, ſans les prendre des Ordinaires.

Les Pontifes Souuerains, par leurs
Priuileges, donnent bien permiſſion
à tels & tels Ordres en general, de
vaquer à ces fonctions, & leue, pour

ce regard, l'interdit des anciens
Canons, qui les defendoient aux
Moines : mais c'est tousiours auec
cette restriction, limitation, condition, qu'ils seront examinez approuuez, ennoyez par les Pasteurs
Ordinaires, & qu'ils ne pourront
exercer ces fonctions que de leur licence, benediction, permission,
enuoy, & iamais contre leur gré
& opposition.

Niueau de tous les priuileges passez & presens.

§. XXXIV.

L'Examen de toutes ces Bulles,
pour ce regard, seroit vne chose non seulement longue & en-
nuyeuse, mais inutile, veu que la
Bulle de Gregoire XIII. de l'an
1573. qui commence, *in tanta rerum,*

reduit tous les priuileges qui ont
precedé le saint Concile de Trente,
à la forme des decrets du Concile,
& au droict commun. Et tous les
priuileges que les Conuentuels ont
obtenus depuis, ont tous porté cette
clause, qu'ils sont concedez à condition qu'ils ne repugnent en rien aux
Decrets du saint Concile de Trente.

De sorte que les Reglemens du
Concile sont la vraye mesure de
tous les priuileges qui l'ont precedé
& qui l'ont suiuy. Voyons donc ce
que portent ces Decrets, qui doiuent estre inuiolables à tous les
vrais enfans de l'Eglise Catholique.
Le Concile (*sess. 5. c. 2.*) deffend
aux Conuentuels de prescher dans
vn Diocese, tant dans les Eglises
de leur Ordre, que dans les autres,
sans la Benediction & Licence de
l'Ordinaire, c'est à dire de l'Euesque. En vn autre endroit (*sess. 24.
c. 4.*) Que nul Ecclesiastique, soit

Seculier, soit Regulier, fust-ce dans vne Eglise de son Ordre, ne presume de prescher l'Euesque contredisant, c'est à dire contre le gré du Pasteur Ordinaire.

En vn autre lieu (*sess. 23. c. 15.*) il deffend à tout Prestre, soit Seculier, soit Regulier, c'est à dire Conuentuel, de s'ingerer à l'administration du Sacrement de Penitence, s'il n'est examiné & aprouué par l'Ordinaire, de quelque priuilege dont il se puisse preualoir. Et est à remarquer en tous ces endroits, qu'il n'y est point dit que l'Ordinaire les examinera, aprouuera, enuoyera, donnera des licences, permissions, missions, benedictions, comme delegué du Sainct Siege Apostolique, c'est à dire comme Vicaire ou Commissaire, pour cet regard, du Souuerain Pontife. Ce que le Concile ne dit net Iamais, & se repete en cent lieux, & toutes les fois qu'il est que-

ftion de priuileges que le Concile
ne reuoque point.

Pour la subordination des Pri-
uilegiez aux Hierarques Or-
dinaires. 1. Raison.

§. XXXV.

NOus auons appris cy-deſſus de
S. Denys, qui eſt vn Oracle en
cette matiere, que l'Ordre de la
Hierarchie Eccleſiaſtique, qu'il ti-
re de l'inſtitution Diuine, porte, que
les Moines ſoient perfectionnez par
les Eueſques, combien plus doiuét-
ils tirer des meſmes Eueſques, la faculté d'exercer les fonctions Clericales, qui purgent, illuminent &
perfectionnent les Laïques, lors
que les Conuentuels ſont par l'im-
poſition des mains des Eueſques,
eſleuez au Sacerdoce?

Seroit-il croyable que les Euesques tenans les Ordres dans leurs Dioceses, où ils sont vrais Pasteurs & non Vicaires, vrais Chefs des peuples, vrais Hierarques, c'est à dire Princes sacrez, & où ils agissent par puissance ordinaire, tant d'Ordre que de Iurisdiction, & que receuans à l'ordination des Conuentuels, apres les auoir suffisamment examinez, ils ne fussent en cette imposition de mains sur les testes Conuentuelles, que Deleguez du Sainct Siege, quel Decret Pontifical a iamais declaré cela? quel Theologien ou Canoniste a iamais tenu cette doctrine?

D'où vient donc, que quant aux fonctions du Sacrement de l'Ordre, qui consistent en la Predication & en l'administration des autres Sacremens, principalement aux peuples qui ne sont ni du pastorat, ni de la Iurisdiction des Conuen-

tuels, ils veulent en tirer la puiſſance immediatement du Pape, quoy
que le Pontife Souuerain, par les
propres Bulles de leurs priuileges,
les renuoye à l'examen, à la benediction, à la licence & à l'approbation des Ordinaires, peut-on exprimer en termes plus clairs, que c'eſt
des Ordinaires qu'ils doiuent tirer
immediatement leurs Miſſions &
Commiſſions, & non pas du Saint
Siege, autrement que deuiendra la
ſubordination qui fait l'Vnité de la
Hierarchie, qui ne voit que faire
autrement c'eſt deſchirer à lam-
beaux la robbe de I. C. qui eſtoit ſans
couſture.

Et que ce ſoit l'opinion de quelques Conuentuels qu'ils tirent immediatement du Saint Siege, & non
des Ordinaires, la juriſdiction ou le
droict d'exercer les fonctions Clericales, quelques licences & benedictions que leurs propres priuile-

ges leur ordonnent de prendre des
Euesques, auec defenses de les exercer contre leur gré, c'est à dire les
Pasteurs y contredisans, il ne faut
que le voir dans le mesme Autheur
qui a inuenté cette nouuelle Hierarchie, dont nous auons rapporté
l'opinion & les paroles, car il soustient en diuers lieux de ses Questiós
Regulieres, que c'est du Pape seul
& immediatement que les Conuentuels tirent leur puissance & leur
enuoy en l'exercice des fonctions
Pastorales, de l'administration de la
parole de Dieu, & des Sacremens.
v. To. 1. q. 60. art. 3, & To. 3. q. 32.
a. 6.)

Raison 2.

§. XXXVI.

IL est certes vray que ceux d'entre les Conuentuels, qui obtien-

nent la grace d'abfoudre au tribunal
de la Penitence des cas referuez au
Pape, tirent en cela leur jurifdiction immediatement du Pape, fup-
pofé qu'ils foient approuuez, examinez, & admis à l'exercice de la
Confeffion par les Ordinaires des
lieux. Mais tous les Canoniftes tiennent d'vne commune voix, que ceux
qui ont les cas referuez à fa Säinte-
té, n'ont pas pourtant ceux que les
Euefques fe referuent en leurs Dio-
cefes : tefmoignage euident, que
l'intention du Sainct Siege eft, que
les Confeffeurs Conuentuels prennent des Ordinaires immediatemét
la faculté d'adminiftrer les Sacremens de penitence & d'Euchariftie,
car s'ils l'auoient immediatement du
Pape, il leur donneroit auec le pouuoir d'abfoudre des cas qu'il fe re-
ferue, celuy d'abfoudr. des cas que
les Euefques fe referuent, dont nul
Catholique ne peut douter qu'il ne
puiffe abfoudre.   Le

Le Serafique & tres-saint Fonda-
teur de l'Ordre d'Emanuël Rodriguez, estoit bien éloigné de cette
opinion, lors qu'en sa sainte Regle (*c. 9.*) il deffend à ses freres de
prescher dans quelque Diocese que
ce soit, contre le gré de l'Euesque,
& dans son Testament, qui est comme l'ame & la vraye glose de sa Regle, il rend la mesme defference aux
Curez dans leurs parroisses.

Raison 3.

§. XXXVII.

Ostez cette subordination,
vous renuersez toute la Hierarchie de l'Eglise, & elle n'est plus
cette armée rangée en belle ordonnance, & terrible à ses ennemis.
Et cettes elle est tellement necessaire, que mesmes les plus grands
Hierarques, ie dis les Euesques,

Archeuesques, Primats, s'y souſ-
mettent, ne faiſans aucune fonction paſtorale dãs le Dioceſe d'autruy, ſans le conſentement & le bon
plaiſir de l'Ordinaire : cependant
qui ne ſçait que le ſoin de toutes les
Egliſes touche tous les Eueſques,
comme ſucceſſeurs des Apoſtres ?

Et ne faut pas dire que les Eueſques & primats, tirant immediatement leur juriſdiction du S. Siege,
ne rendent cette defference aux Ordinaires que pour nourrir la paix &
entretenir la concorde, agiſſans
comme Deleguez du Saint Siege,
apres qu'ils ont eu l'aggreement des
paſteurs des lieux, car ils agiſſent
comme Deleguez des meſmes paſteurs, de qui immediatement ils tirent la puiſſance de juriſdiction, en
vertu de laquelle ils agiſſent.

Quelle apparence y auroit-il
que de ſimples Conuentuels, qui ſe
diſent ſoumis aux pieds de l'Egliſe :

&, comme dit l'Apostre, sujets à
toute creature pour I. C. voulus-
sent marcher en choses hautes, &
merueilleuses au dessus de leur
portée, & se sousmettre moins aux
Pasteurs Ordinaires, que ceux qui
sont les Chefs, les pasteurs & les
peres, non seulement des peuples,
mais des prestres & des prelats
moindres, qui sont les Curez, ne
seroit-ce point en quelque maniere
changer en histoire la fable du roy
telet?

Raison 4.

§. XXXVIII.

D'Auantage, quelle difference
y auroit-il en fait de iurisdiction, (qui fait vne des principales
differences entre l'Euesque & le
prestre simple) entre vn Euesque
& vn prestre Conuentuel, s'il vn

l'autre tiroient le pouuoir de prefcher & d'adminiſtrer les Sacremēs
immediatement du Saint Siege ? car
ſelon l'opinion de Bellarmin (*l. 4.
de Pont. Rom. c. 24.*) les Eueſques
ne tirent pas leur iuriſdiction immediatement de I. C. mais mediatement par ſon Vicaire en terre, le
Souuerain Pontife, ne ſeroit-ce pas
approcher de l'hereſie des Ariens,
qui confondoient l'Epiſcopat auec
le Sacerdoce, & ne mettoient aucune difference entre l'Eueſque & le
Preſtre ?

Raiſon 5.

§. XXXIX.

DE plus, quelle inegalité, il n'y a
pas plus de cinq cens Eueſques
en toute l'Egliſe Orthodoxe, qui eſt
la Catholique Romaine, & il y auroit plus de deux millions de Con-

uentuels, qui auroient puissance
Episcopale ; puisque, comme les
Euesques, ils tireroient la faculté de
prescher & d'administrer les Sacremens immediatement du Saint Siege : & cela encor auec plus d'amplitude, car leur pouuoir s'estendroit
par toute l'Eglise, au lieu que celuy
des Euesques est restreint dans les
bornes de leurs Dioceses, hors desquels ils ne peuuent faire aucune
fonction Clericale ni Pastorale, sans
l'aueu du Pasteur Ordinaire, & sans
commission de luy.

Raison 6.

§. XI.

ET comme les Euesques ne pen-
sent point faire de tort à leur
caractere, ni à leur dignité, de prendre l'aueu du Pasteur Diocesain,
quand ils veulent prescher, ou ad-

miniftrer les Sacremens, dans quelque autre Dioceſe que le leur, pour
conſeruer l'ordre eſtably en l'Egliſe, Les Cenobites ne doiuent pas
s'imaginer que la meſme deference
puiſſe prejudicier à leurs exemptiõs
& priuileges, qui ne leur ont jamais
eſté donnez au prejudice de l'Vnité
de la Hierarchie Eccleſiaſtique.

R*aiſon* 7.

§. XLI.

QVe s'il n'eſt pas permis à l'E-
ueſque ni au Curé de prefcher ni d'adminiſtrer les Sacremẽs
à des Conuentuels, dont les Mo-
naſteres ſont dans le territoire de
leurs Dioceſes, ou Parroiſſes, ſans
le conſentemét & la permiſſion des
Superieurs, ou de Conuent, ou de
Prouince, quelle raiſon y auroit-il
que les Conuentuels pûſſent exer-

cer les mesmes fonctiõs sur les peuples commis à la charge des Ordinaires, sans le congé & l'aueu des
Pasteurs ? Si ceux-cy sont si respe-
ctueux enuers les Priuileges & Exé-
tions, pourquoy ceux-là rendront-
ils moins de respect à l'Ordre Hierarchique estably par I. C. & par
les Apostres ? Que celuy qui dissipe
la haye prenne garde à ne se laisser
mordre du Serpent.

Raison 8.

§. XLII.

IL y a plusieurs Chapitres Cathedraux exempts de la iurisdiction
des Euesques & Archeuesques, &
qui dependent immediatemét du S.
Siege Apostolique. Cela pourtant
n'empesche pas que les Archidiacres, Penitentiers & Theologaux,
non en ce qui regarde les fonctions

Canoniales; mais en ce qui concerne les Paſtorales, comme les Viſi-
tes, Predications, Confeſſions, ne
releuent de la juriſdiction des Eueſques, & ne puiſſent eſtre repris &
corrigez par les Ordinaires quand
ils viennent à faillir en ces exercices
là. Le meſme ſe peut dire des fonctions Cenobitiques & Clauſtrales;
les Conuentuels, pour leur regard,
ſont exempts de la correction & juriſdiction des Eueſques par leurs
Priuileges ; mais ce n'eſt pas à dire,
que cela ſe doiue eſtendre aux Clericales, qui s'exercent ſur les peuples, qui ſont ſous la charge des Paſteurs, & que venans à manquer ou
faillir en quelques vnes, nonobſtant
leurs Priuileges, ils ne puiſſent eſtre
corrigez & repris par les Ordinaires, ſelon le Decret du Concile de
Trente. (*ſiſſ. 5. c. 2.*) & la Bulle de
Gregoire XV. qui commence, *In-
ſcrutabili.*

Raison 9.

§. XLIII.

LA pluspart des Priuileges & Exemptions que les Cenobites ont obtenuës du Saint Siege, ont leur fondement sur le mauuais vsage que quelques Euesques faisoient de leur authorité, dominans auec violence, tant sur le Clergé, (de là les exemptions des Chanoines Cathedraux & Collegiaux) que sur les Conuentuels, & troublans en leurs fonctions Claustrales, & en leurs jurisdictions, & gouuernemens Monastiques, tant les Abbez, que les autres Superieurs des Conuens. De ces exemptions s'est formée cette espece de Hierarchie Conuentuelle, de laquelle parle l'Autheur que nous auons produit, & cette subordination de Superieurs Locaux,

Prouinciaux, Generaux qui ſo rap-
portent au Saint Siege, lequel par
eux gouuerne les ſimples Cenobites, qui ſont comme le peuple de
cette image de Hierarchie. Et bien
que la Iuriſdiction, l'Authorité, &
le Paſtorat des Eueſques ait eſté re-
tranché de ce nombre de perſonnes,
tant de l'vn que de l'autre ſexe, qui
ſont compriſes ſous l'eſtat Conuentuel, cela pourtant n'apporte aucun trouble aux fonctions Paſtorales ; au contraire, c'eſt autant de
deſcharge dont le Pontife Souuerain a voulu fauoriſer les Paſteurs
Ordinaires, prenant particulierement ces ames en ſa conduitte, ſinon par ſoy-meſme, au moins par
les Superieurs Cenobites, qui, pour
ce regard, ſont comme ſes Vicaires & Deleguez.

Raison 10.

§. XLIV.

MAis depuis que le Sacerdoce
s'est multiplié dans les Cloi-
stres, ceux qui ont esté honorez de
ce caractere, n'y trouuans pas assez
d'employ, ni des subjets à suffisan-
ce, pour exercer sur eux les fonctions Clericales, de l'administration des Sacremens & de la parole
de Dieu, ont voulu communiquer
les eaux de leurs sources au dehors,
& les partager par les places publiques, c'est à dire, les respandre sur
les peuples seculiers sousmis au Pastorat des Euesques & des Curez, &
pour cela ont obtenu quelques facultez du Saint Siege.

L'histoire de l'Eglise ne nous apprend point que les Euesques, Archeuesques, Primats & autres Hie-

rarques, ayent iamais formé aucunes plaintes, lors qu'on leur a, par
les exemptions, osté l'intendance
& la jurisdiction sur les Monasteres
& sur les Cenobites, 1. par vn extreme respect qu'ils ont porté au
Successeur de S. Pierre, à qui I. C.
ayant donné l'infaillibilité, ils ont
tousiours crû qu'il ne pouuoit errer
en tout ce qu'il ordonne, soit pour
la foy, soit pour les mœurs, soit pour
la police de l'Eglise.

2. Parce qu'ayant la souueraineté, la Monarchie absoluë, la plenitude de puissance, & vne authorité
independante, il n'appartient point
à ses inferieurs de s'enquerir pourquoy il fait, ou ordonne, ainsi ou
ainsi. 3. Parce qu'ils ont pris ces
exemptions pour des faueurs qui
leur estoient faites, en tant que leur
fardeau & leur joug en estoit al-
legé.

4. Ils ont regardé ces Priuileges

comme des graces faites aux Cenobites, desquelles ils n'ont eu aucune jalousie, car la charité n'est point
enuieuse, ni attachée à ses propres
interests.

5. Ils ont encor receu auec grande
joye, & à bras ouuers, les facultez
dónées aux Instituts Cenobitiques,
d'exercer les fonctions Clericales,
en qualité d'aydes & de troupes de
secours, enuoyées par le Saint Siege pour les soulager en leurs far-
deaux redoutables aux espaules An-
geliques. Et tant que les bons Cenobites se sont contenus dans les
bornes prescrites par leurs Priuileges, qui les renuoyent à l'examen, à l'approbation, à la licence, à la mission, à la sousmis-
sion, à l'authorité des Pasteurs Ordinaires, il n'y a jamais eu de plaintes de la part des Pasteurs, parce
que, ni l'vnion de l'Eglise, ni l'vnité de la Hierarchie, n'a point esté

violée, la subordination conser-
uant l'vn & l'autre.

Raison II.

§. XLV.

Ais comme l'experience nous fait voir à l'œil, que les Instituts Cenobitiques se relaschent ai-
sement de leur premiere ferueur &
discipline, & que les enfans des
Saints ne sont pas toussiours semblables à leurs Peres, Il ne faut pas
s'estonner si le relaschemét des Regles & Constitutions, par l'inobser-
uance, est suiuy du mauuais vsage
des exemptiõs & priuileges, & si les
graces qui ont esté données à de bós
Cenobites, soit pour les garantir de
l'opression de quelques Euesques,
dominans auec trop de rigueur, soit pour ayder aux Prelats en l'e-
xercice de leurs charges auec souf-

mission & subordination à leur authorité : si ces graces, dis-je, sont
changées en de mauuais effets par
des Cenobites relaschez, & viuans
en desordre, puisque chacun sçait
que les meilleures viandes se tour-
nent en corruption dans vn esto-
mac qui est mal disposé.

On voit tous les iours que des
Priuileges qui ont esté donnez par
les Pontifes Souuerains à de ver-
tueux Cenobites, côtre de fascheux
Euesques, pour les mettre à l'abry
des rudes traittemens, seruent par
la succession du temps à des Cenobites desreglez, contre des Euesques vigilans & zelez à l'exercice
de leurs charges, & contre l'intention des Papes, seruent de bouclier
au dereglement, & empeschent les
Ordinaires de purger leurs Dioceses de diuers scandales.

Et lors que les Cenobites diffor-
mez ont secoüé le joug de leurs Re-

gles & Constitutions, & de leurs propres Superieurs, il ne se faut pas estonner, s'ils veulent encor se soustraire de la subordination & authorité des Euesques, au regard des fonctions Clericales & Pastorales, s'imaginans que les Papes, qui les ont exemptez de la jurisdiction des Ordinaires, en ce qui concerne les mœurs & les actions Monastiques, les ayent aussi rendus independans des Ordinaires, en ce qui regarde la conduite des peuples, par l'administration de la parole de Dieu, & des Sacremens.

Raison 12.

§. XLVI.

MAis on ne sçauroit justifier par aucune Bulle de Priuilege, que les Pontifes Souuerains, au regard des fonctions Hierarchiques,

ques, ayent tellement mis la bride
sur le col des Cenobites, qu'ils les
ayent rendus independans des Ordinaires, ni qu'ils leur ayent donné
le pouuoir de les exercer sur les peuples contre le gré, & sans la commission des Euesques.

Et quand mesme il s'en trouue-
roit (ce qui n'est point venu à ma
cognoissance) tout cela est reduit
aux termes du Concile de Trente,
tant par la Constitution de Gregoire XIII. que par toutes les Bulles
qui ont esté données depuis, qui
toutes portent la clause, de ne des-
roger en rien aux Decrets du Concile.

Raison 13.

§. XLVII.

C E seroit vn blaspheme de dire,
& vne impieté de penser, que le

Vicaire de I. C. qui a receu de Dieu
ſa Souueraine & Abſoluë Authorité, pour l'edification, non pour la
demolition de l'Egliſe, vouluſt prejudicier en rien à la puiſſance des
Eueſques, Succeſſeurs des Apoſtres, Hierarques de l'Egliſe, eſta-
blis par le Saint Eſprit pour gouuerner l'Egliſe, que le Sauueur s'eſt
acquiſe par ſon ſang, en rendant
leurs enfans, qui ſont les Cenobites, non ſeulement leurs freres &
leurs égaux, mais meſmes leurs Peres & Superieurs, en leur donnant
autant & plus d'authorité qu'aux
Prelats Majeurs, que le meſme
Potife Souuerain honore du titre de
Freres & de venerables Freres. Ce
feroit faire ſortir le deſordre d'vn
Siege ſaint & ſacré, d'où procede,
comme de la clef de la voûte, tout le
bon ordre & toute la ſymmetrie de
la Hierarchie Eccleſiaſtique. Ce ſeroit mettre ſous le tribut la prin-

cesse des Prouinces, la dignité Episcopale, & luy donner sujet de dire
à Dieu, comme la Ierusalem du lamentable Prophete : Voyez, Seigneur, comme ie suis renduë vile & abjecte.

Quel bouleuersement seroit-ce de la Hierarchie, ou sacrée Principauté des Euesques, si des millions de Cenobites, qui occupết les Chaires, les Autels, & les tribunaux de Penitence, preschoient & administroient les Sacremens, auec vne authorité plus eminente, que les Prelats Majeurs de l'Eglises qui sont en egalité d'Ordre & de Caractere auec le Successeur de S. Pierre ? Et certes, ils feroient ces fonctions auec plus d'esclat & de puissance, s'ils preschoient & administroient les Sacremens, cõme Commissaires Apostoliques, representans la personne mesme du Pape, que les Pasteurs Diocesains ou Par-

roiſſiaux, qui ne les exercent que
comme Ordinaires, y a-t'il de l'apparence de croire que l'on vouluſt
tellement proſtituer la Hierarchie
Epiſcopale, que de mettre cinq cens
Eueſques, qui ſont, tout au plus,
dans l'Egliſe Orthodoxe, ſous les
pieds de deux millions, & dauanta-
ge de Cenobites ?

Raiſon 14.

§. XLVIII.

QVe deuiendra donc cette doctrine ancienne, & que le
grand S. Denys a puiſée des Apoſtres, que les Moines doiuent eſtre
perfectionnez par les Eueſques, ſi
ceux-là exercent auec plus d'auantage que ceux-cy, & ſans ſubordination aux Eueſques, les fonctions
Hierarchiques?

Mais S. Denys (*Eccl. Hierarch.*

c. 6.) parle de Moines qui estoient
Laïques & non Prestres, comme
sont ceux de ce siecle, qui sont appellez aux fonctions Clericales ; ie
le veux: Mais qui perfectionnera ces
Prestres Conuentuels, sinon les
Euesques ? seront-ce d'autres Prestres, puis qu'ils sont égaux en dignité, en ordre & en perfection ? Il
ne reste plus qu'a dire, que les Prestres par commission extraordinaire, peuuent conferer le Sacrement
de l'Ordre, aussi-bien que celuy de
Confirmation, (opinion qui semble se glisser dans les esprits, & qui
apres la sourdine, éclattera, si l'on
n'y prend garde, comme vne trom-
pette.) Et puis Adieu l'Episcopat,
le Pastorat, la subordination, l'v-
nion, l'vnité de la Hierarchie, &
Adieu la Hierarchie mesme: malheur que Dieu vueille destourner
par sa bonté.

Raison 15.

§. XLIX.

EN la Hierarchie, dit S. Thomas (2. 2. *q.* 188. *a.* 4.) apres S. Denys, les Euesques sont perfectionnans, (*Perfectores*) & les Moines sont à perfectionner (*Perficiendi.*) D'où vient donc qu'ils se veulent mesler de Perfectionner les autres fidelles, veu que leur estat, dit le mesme Docteur Angelique, est de disciples & de subjets, non de Maistres, ni de Conducteurs? Que s'ils enseignent, poursuit-il, & administrent les Sacremens, ce n'est pas de leur authorité propre, mais par celle d'autruy, & par maniere d'instrumens, comme Ministres (notez, c'est à dire seruiteurs) des Prelats superieurs & inferieurs (il entend les Euesques & les Curez.) Et

agiſſans ainſi, ils n'outrepaſſent
point les bornes de leur écolage &
ſujettion, propre à leur condition.

Raiſon 16.

§. L.

IE me ſuis quelquefois eſtonné en
liſant, que la doctrine de l'eſtat
de perfection attribué aux Conuentuels, n'eſt venuë au monde (car
toute l'antiquité des douze premiers ſiecles l'a ignorée) que depuis
que par les exemptions les Conuentuels ſe ſont ſouſtraits de la juriſdiction & côduite des Eueſques,
c'eſt à dire lors qu'ils ſe ſont retirez
de la vraye eſcole de leur perfectiô,
& qu'ils ont rejetté les enſeigne-
mens & l'obeiſſance de leurs Mai-
ſtres de droit commun. Car eſtans
ſeparez des Eueſques, quant à la vi-
ſite, juriſdiction & inſtruction, par

qui peuuent-ils estre perfectionnez,
selon la doctrine de S. Denys?

Par le Souuerain Pontife, diront-
ils. Cela seroit bon s'ils en estoient
instruits en particulier : mais quand
il n'auroit autre charge que de Conuentuels, le moyen qu'il pûst en in-
struire tant de millions respandus
par tout le rond de la terre? C'est par
leurs Superieurs qu'il leur apprend
la perfection : Mais plusieurs de ces
Superieurs ne sont pas Prestres,
comme aux Ordres Militaires &
Hospitaliers, & les Superieurs des
Moniales. Ces Superieurs, soit Prouinciaux, soit Generaux, ne sont
tout au plus que Prestres, & non
Euesques : qui tout au plus ne pour-
roient hierarchiser que des Cenobites Laïques; l'ancienne & fonda-
mentale forme de la Hierarchie
hierarchisante, c'est à dire des Initians, estant, que les Diacres purgent ceux qui sont de l'ordre à pur-

ger, comme les Cathecumenes,
Energumenes, Penitens : les Prestres illuminent ceux qui sont à illuminer, c'est à dire le peuple fidelle,
participant aux diuins mysteres : le
plus haut Ordre de ceux qui sont à
initier, sçauoir celuy des Moines,
estant reserué aux Euesques, selon
l'Areopagite, (*Eccles. Hierarch. c 6*)
D'où l'on peut inferer que sortans
de la conduite des Euesques, ils sortent de l'estat tendãt à la perfection,
puis qu'ils se retirent de ceux que la
Hierarchie depute pour la leur enseigner.

Mauuais vsage des iustes Priuileges.

§. LI.

AVssi est-ce vn abus tout manifeste qu'ils font des Priuile-

ges dont ils ont esté fauorisez du
Saint Siege, quand ils les veulent
tirer à l'independance des Ordinaires, au regard des fonctions Pastorales, veu que tous les renuoyent
aux examens, licences, approbations & missions des Euesques,
pour les exercer legitimement sur
les peuples, selon ce qui est escrit,
Comme prescheront-ils s'ils ne
sont enuoyez?

Mais il y a quelques Bulles où il
est dit, qu'en cas d'injuste refus des
Ordinaires soit par passion ou autrement, de les admettre à ces fonctions, en estans dignes & capables,
ils pourront passer outre, & les exercer sous l'authorité du Saint Siege.
A cela on respond plusieurs choses,
1. Que ce n'est pas l'intention des
Pontifes Souuerains qui ont conce-
dé ces Bulles, de rendre les particuliers Conuentuels iuges en leur
propres causes, principalement où

il va du refus, & par consequent de
l'interest honorable : Car qui est celuy qui se condamneroit soy-mes-
me, la loy-mesme ne voulant pas
que l'on croye celuy qui allegue sa
propre honte ?

2. Si ces Bulles estoient prises à
la lettre, tous les particuliers Conuentuels en leur propre fait, seroiét
iuges de tous les Euesques du monde , & establis tels par authorité
Pontificale, ce qui est au delà de
toute absurdité. 3. Si vn Euesque
dans le Diocese d'vn autre estoit
ainsi refusé par l'Ordinaire, par in-
jure, & par vn outrage manifeste,
il ne pourroit pas pourtant passer
outre; mais il deuroit poursuiure
doucement la reparation de ce tort,
en se pouruoyant au Metropolitain,
& de là par appel iusques au Souuerain Pontife, dont l'ordonnance en
ce fait, & en tout autre, est sans appel. 4. Il n'y a pas d'apparence de

croire qu'vn simple Conuentuel en
doiue estre quitte à meilleur mar-
ché ; & partant, en cas de refus de
l'Euesque auquel il se presente pour
estre examiné, approuué & admis
aux fonctions Clericales, il se peut
pouruoir au Métropolitain, & de là
par les degrez de la jurisdiction Ecclesiastique iusques au Vicaire de
I. C. qui le pourra releuer de ses
griefs, apres cognoissance de cause,& corriger ceux qui auront commis injustice.

5. Si le Pape ordonne qu'ils exercent ces fonctions, nonobstant ces
iniustes refus, alors la Hierarchie
Episcopale ne sera nullement omi-
se, puisque l'ordre estably de Dieu
en l'Eglise, a esté suiuy. 6. Et puis
dequoy seruent toutes ces clauses
des Bulles données deuant le Concile de Trente, & mesme depuis,
veu que le Decret du Concile est la
regle de tout cela, selon l'intention

Il suit le sujet precedent.

§. LII.

IL y a d'autres Bulles, qui permettent aux Priuilegiez d'exercer les fonctions Clericales dans les Parroisses, pourueu qu'ils soient approuuez & enuoyez par l'Euesque, nonobstant la contradiction, & opposition des Curez. Cela peut auoir lieu lors que l'opposition des Curez est iniuste & iugée telle, non par le Conuentuel, qui en cela, contre toute forme de iustice, seroit iuge en sa propre cause ; mais par l'Euesque qui l'a approuué, & quand son approbation porte cette clause, nonobstant l'opposition des Curez : mais quand elle ne la porte pas, & que la contradiction d'vn Curé est legitime, la iustice veut qu'il soit

eſcouté en ces exceptions, & que
droit luy ſoit fait ſur ſes remon-
ſtrances, car nul ne peut eſtre con-
damné ſans eſtre oüy.

Equité du Saint Siege.

§. LIII.

IOint que le Sainct Siege qui a
de Dieu l'infaillibilité, a auſſi la
meſure de la Iuſtice : or la Iuſtice
rend & conſerue à chacun ce qui
luy appartient ; & quoy que le
Succeſſeur de ſainct Pierre ne partage point auec les Paſteurs qui luy
ſont inferieurs ſa plenitude de puiſſance, & ſa ſouueraine authorité,
ſi eſt ce qu'il les appelle à la part de
ſa ſollicitude Paſtorale, les Eueſques eſtans vrais Paſteurs des troupeaux qui leur ſont commis, &
vrais Princes de l'Egliſe, quoi que

subalternes au Chef & Monarque visible qui est le Vicaire de Iesus-Christ. Or ce seroit leur oster leurs charges, & abolir l'Episcopat, & toute authorité Ordinaire, que de permettre aux Priuilegiez, malgré eux, & nonobstant leurs iustes oppositions, (car aux choses morales, ce qui est iniuste est tenu pour nul) d'exercer toutes les fonctions Pastorales dans leurs Dioceses. Ce ne seroit pas leur enuoyer des aides, mais des competiteurs, non des compagnons, mais des maistres, non des Secours, mais des Antagonistes, non des Coadjuteurs, mais des Perturbateurs.

Induction fort propre.

§. LIV.

QVand vn Prince Souuerain temporel, enuoye du secours

à quelqu'autre de ſes alliez, ce n'eſt
pas à condition que ſes gens de
guerre prennent l'ordre & le commandement de celuy qui les enuoye, mais de celuy à qui ils ſont
enuoyez, autrement il entreroit
dans les terres de ſon amy, non
comme deffenſeur, mais comme
conquerant, & comme maiſtre, &
ce ſecours ſeroit plus ruineux qu'a-
uantageux au Prince attaqué. Que
les Conuentuels ſoient des troupes
auxiliaires, enuoyées à l'aide des
Paſteurs, s'ils ne prennent l'ordre
& la miſſion d'eux, s'ils rompent
la ſubordination de la Hierarchie,
s'ils ne veulent dependre que d'eux-
meſmes, ce ſera plutoſt vne confuſion qu'vn appuy, vne demolition qu'vne edification, ce ſera al-
lumer vn embraſement au lieu de
l'eſteindre, il y aura plus à craindre au dedans qu'à combattre au
dehors de l'Egliſe. Cette medeci-
ne ſe

ne seroit plus fascheuse que le mal,
& ce secours ressembleroit au lier-
re, qui abbat à la fin la muraille où
il s'accroche, & ronge l'arbre qui
le soustient.

Trait de S. Bernard.

§. LV.

SAint Bernard en ses liures de la
Consideration, disoit au bon Pape Eugene, qu'il ne deuoit pas s'i-
maginer que sa Puissance Pastorale, pour estre souueraine en l'Eglise, y fust pourtant seule & vnique :
& c'est en ce sens que le grand S.
Gregoire Pape detestoit le nom
d'Euesque Vniuersel : Car bien que
l'Episcopat soit vn, comme disoit
S. Cyprian, ce n'est pas à dire qu'il
n'y ait qu'vn seul Euesque en l'E-
glise; mais il est vn par vnion & vni-

I

té de subordination au Successeur
de S. Pierre, possedé neâtmoins soli-
dairement par plusieurs, par la part
qu'ils ont à la solicitude detoute les
Eglises.

Le Soûuerain Pontife, comme se
rendant, ainsi que dit S. Pierre, la
forme de tout le troupeau, par bonne volonté, se nomme par humilité
Seruiteur des Seruiteurs de Dieu, &
se souscrit aux Conciles, & aux
autres grands actes, comme ceux
de la Canonisation des Saints, &
semblables. Euesque de l'Eglise
Vniuerselle, non point Euesque
Vniuersel, c'est à dire Vnique, à
l'exclusion des autres Euesques,
bien qu'il soit Euesque Oecumeni-
que & Vniuersel, en tant que son
Episcopat & Pastorat Apostolique,
s'estend sur tous les Euesques, &
sur tous les fidelles de l'Eglise Vniuerselle.

Doctrine de deux Conciles.

§. LVI.

AVssi le Saint Côcile de Trente, parlant de la Hierarchie, c'est à dire de la sacrée Principauté de l'Eglise, ne dit pas qu'elle consiste en vn seul Euesque, mais aux Euesques, Prestres & Diacres, selon la subordination conforme à son establissement. Car tout ainsi que les Initiez sont sousmis aux Initians, c'est à dire ceux qui sont à purger à ceux qui sont ordonnez pour les purger, ceux qui sont à illuminer, à ceux qui sont establis pour les illuminer, & ceux qui sont à perfectionner, à ceux qui doiuent par office leur enseigner la perfection: aussi les Diacres sont-ils subordonnez aux Prestres, les Prestres aux Euesques, & les Euesques au

 De l'Vnité de la

Souuerain Pontife.

C'eſt ainſi que l'a defini vn Concile Romain, tenu ſous le Pape Syl-
ueſtre, (*c. 7.*) rapporté dans le
droict (*diſt. 93. c. à Subdiacono.*)
Où il eſt commandé qu'en tout lieu
rende obeïſſance & ſeruice (car le
mot *d'obſequium* porte l'vn & l'autre) le Moine à l'Abbé, l'Abbé au
Portier, le Portier à l'Exorciſte,
l'Exorciſte au Lecteur, le Lecteur
à l'Acolythe, l'Acolythe au Sous-
Diacre, le Sous-Diacre au Diacre,
le Diacre, au Preſtre, & le Preſtre
à l'Eueſque : telle eſt la liaiſon de la
Hierarchie Eccleſiaſtique.

Aſſemblage eſtrange.

§. LVII.

ET certes, comme ce ſeroit vn
aſſemblage difforme, de voir
les pieds d'vn corps humain imme-

diatement attachez à la teste, sans
l'entremise des jambes, des cuisses,
& des autres parties interjacentes,
qui composent son integrité, il ne
seroit pas moins estrange de voir au
corps de la Hierarchie, qui doit
estre, comme dit S. Paul, pour sa
construction, bien serré & lié ensemble par toutes les jointures,
tellement destaché, que les plus bas-
ses parties fussent iointes aux plus
hautes, sans la liaison & le rapport
des moyennes : & ceux qui se disent
les pieds en bassesse, & mespris des
rangs, & des honneurs du monde,
colez immediatement au Chef visible, sans aucune dependance des
parties plus nobles & plus eminen-
tes.

Crainte juste.

§. LVIII.

CErtes, il est à craindre que ceux qui secoüent sans aucun Priuilege, mais par leur seule hardiesse, la subordination aux Pasteurs Diocesains, au regard des fonctions Clericales, ne fassent enfin le mesme du joug du Souuerain Pontife : lequel ils ne regardent que sous benefice d'inuentaire, autant qu'il leur est vtile, & qu'il leur fait du bien. Mais s'il arriuoit qu'il voulust, ou leur oster leurs Priuileges du tout ou en partie, ou les moderer, expliquer, temperer, retrancher, & les reduire aux termes du Concile, qui est tout ce que les Ordinaires demandent, on verroit bien-tost de quel bois ils se chauffent, & ce qu'ils sçauent faire pour n'obeïr pas.

Exemple notable: & met Royal.

§. LIX.

EN voulons-nous vn exemple plus frais & plus authentique que celuy de l'affaire de M. l'Archeuesque & Primat de Normandie, qui vient de passer audeuant de nos yeux? Il auoit quelques differens à demesler auec les Conuentuels de sa ville Metropolitaine, touchant quelques Reglemens faits pour le bon ordre de la Maison du Seigneur, & la police Hierarchique: ils ne veulent pas luy obeïr, il se pouruoit à sa Sainteté: laquelle pleine de bonté, de iustice & de zele, pour le seruice de la gloire, & de la Maison de Dieu, delegue trois grands Prelats des plus eminens en

I iiij

dignité & en merite de l'Eglise Gal-
licane: aussi tost les Conuentuels
en ont appellé comme d'abus; deuant qui, deuant les Iuges Laïques
& Seculiers, par vn procedé que
Rome n'eust pas attendu d'eux.
Voila comme respectent le Successeur de S. Pierre, ceux qui ne
font que crier, Siege Apostolique,
Siege Apostolique: comme ces Iuifs
dont le Prophete parle, qui crioient,
le Temple du Seigneur, le Temple
du Seigneur, & le deshonoroiět par
leurs mauuaises mœurs, au mesme
temps qu'ils en faisoient bouclier &
parade : Y a-t'il assez de foudres au
Vatican, pour punir cette procedu-
re ? & de quelles fueilles de figuier
se couurira-t'on contre la Bulle *in
cœna Domini*, qui foudroye tous
ceux qui appellent des Ordonnan-
ces de sa Sainteté ?

Certes, ce que le feu Roy de la
Grand'Bretagne dit auec beaucoup

de prudence, en l'Assemblée de Haptoncourt, parlant contre les Puritains qui vouloient abolir les Euesques en Angleterre, *Point d'Euesque, point de Roy.* Iugeant bien que l'abolition de l'authorité Episcopale, tendoit à l'extinction de la Royale ; se peut encor plus iustement vsurper en ce sujet, & dire, *Point d'Euesques, point de Pape.* Aussi-tost que l'on auroit aneanty la Hierarchie Episcopale, on iroit à la destruction de la Papale, veu que tout ce qui se dit & se fait directement contre la dignité, authorité & iurisdiction Episcopale, bat indirectement la Pontificale.

Confirmées par vn exemple.

§. LX.

CE qui c'eſt faiᴄ ces iours paſ-
ſez en Angleterre, d'où les Cenobites ont fait ſortir inhumaine-
ment M. l'Eueſque de Calcedoine,
Delegué de ſa Sainteté, & agiſſant
dedans l'Iſle par l'authorité du Saint
Siege, fait aſſez çognoiſtre, quel
eſtat ils font du Saint Siege Apoſto-
lique, aux choſes qui ne ſont pas à
leur gouſt, & qui touchent tant ſoit
peu leurs franchiſes, couuertes du
beau manteau d'obeiſſance, ayans
pour voile, comme parle l'Apoſtre,
la liberté de la malice. N'eſt-ce pas
là à camp ouuert iurer la ruine de
l'Epiſcopat & du Papat, & de tout
Paſtorat, pour laiſſer les peuples

comme des brebis errantes , qui n'ont point de Pasteurs , auec assez de Pedagogues & point de Peres, c'est à dire point de Pasteurs, qui soient chargez deuant Dieu, & responsables de leurs ames ? N'est-ce ce pas les commettre à la garde des mercenaires , qui n'ont point d'oüailles propres , & introduire vne Anarchie, qui n'aura pour toute regle , sinon , qui pourra prendre prenne , & se sauue qui pourra ?

A dire le vray, comme beaucoup d'exemptions des Instituts Conuentuels , ont pris leur origine, de ce que les Euesques troubloient par leur empire trop rigoureux, l'ordre & la Police Monastique ; Possible que Dieu inspirera au Vicaire de I. C. de rendre la mesme retribution aux Conuentuels en les reuoquant, puis qu'ils abusent si ouuertement de leurs Priuileges , au preiudice de la paix de l'Eglise , & à la confusion de la Hierarchie, & de l'authorité des Pasteurs Ordinaires.

Iniuste vsage des iustes Priuileges.

§. LXI.

MAis en quoy en abusent-ils? 1. en ce que contre les termes de leurs propres Priuileges, qui les renuoyent à l'examen, à l'approbation, à la licence, à la permission des Euesques, pour exercer sur les peuples, commis à la charge des Pasteurs, les fonctions Clericales, ils ne veulent point bailler leur estendart sous leurs aueu, ni releuer de leur authorité, se disans enuoyez immediatement du Saint Siege, pour faire ces exercices, s'establissans iuges

des Euefques en cas de refus en
leurs propres caufes, & prefchans
ainfi fans miffion, & adminiftrans
les Sacremens fans commiffion legitime.

2. En ce que plufieurs deftour-
nent les peuples des debüoirs & de
l'affiftance, qu'ils doiuent à leurs
Parroiffes : 3. En ce qu'ils les fou-
ftrayent à leurs Pafteurs, & les leur
rendent odieux : 4. En ce qu'ils les
troublent en leurs fonctions Paftorales, au lieu de les y ayder & fe-
courir : 5. En ce qu'ils entrepren-
nent le gouuernement des ames qui
ne leur font pas commifes, fans en
prendre aucune charge, laiffans
aux Pafteurs tout le faix de la charge fans gouuernement.

6. En ce qu'ils reduifent en quelque façon les Pafteurs dans l'im-
poffibilité, ou au moins dans vne
extreme difficulté d'exercer leurs
fonctions Paftorales. Car de quelle

maniere peut-on côduire des ames,
& en refpondre, fans les gouuerner,
fans les inftruire, fans leur adminiftrer les Sacremens ? Il y a plufieurs
Parroiffiens, principalement dás les
grandes villes, qui ne cognoiffent
pas leurs Curez, & que les Curez
ne cognoiffent pas, dautant qu'on
ne les void iamais en leurs Parroiffes ; courans çà & là par les Eglifes
Conuentuelles, fans ordre, ni conduite.

7. En ce qu'ils partagent le peuple, lequel viuant fans aucune fu-
jettion, ni fubordination, fe rend
fans aucune difcipline. 8. En ce que
comme la mauuaife femme deuant
Salomon, ils crient que l'enfant,
c'eft à dire le peuple, foit diuifé entre les Pafteurs Ordinaires, & les
Extraordinaires, entre les Hierarques & les Priuilegiez, laiffans aux
Pafteurs vne charge vuide d'authorité, & gardans pour eux l'authorité

sans charge, & vne authorité qui
n'a aucun rapport à celle des Pasteurs, dans le fonds & le territoire
desquels ils agissent, brisans leur
joug, ainsi que parle vn Prophete,
& disans, nous ne seruirons point.

Charge des ames, & leur gouuernement.

§. LXII.

CErtes, si les Pasteurs sont Pasteurs, & chargez des ames
qui sont dans leurs bergeries, il est
non seulement iuste, mais necessaire qu'ils en ayent le gouuernement, & que dans ce gouuernement
personne ne les moleste & trauerse:
que nul, dit S. Paul, ne s'ingere dãs
vn honneur, il entend vne charge
Pastorale, que celuy qui y est appellé de Dieu comme Aaron: c'est

à dire selon les formes de la voca-
tion de la mission ordinaire. Car
qui n'entre en la bergerie par la
porte, est plustost larron que Pasteur.

Si quelques vns veulent venir à
leur secours, ils seront les bien ve-
nus, pourueu qu'ils prennent leur
enuoy d'eux, & qu'ils trauaillent
auec eux, pour eux & par eux, auec
subordination, qui est l'ame de la
sainte & vnique Hierarchie de l'E-
glise, de qui les rouës, comme celles du chariot d'Ezechiel, sont en-
clauées les vnes dans les autres, &
le feu de la charité qui ne cherche
pas ses interests propres, qui n'est
ni ambitieuse, ni enflée, ni riot-
teuse, ni querelleuse, doit estre au
milieu de ces rouës : & ce chariot
doit estre mené par ceux que Dieu a
establis Hierarques & Conducteurs
du chariot d'Israël, les Pasteurs Ordinaires.

Moyen

Moyen de conseruer l'Vnité de la Hierarchie.

§. LXIII.

POur euiter toutes ces conten-
tions, & conseruer l'Vnité de
l'Eglise & de la Hierarchie, il n'est
question que de se tenir au gros de
l'arbre, c'est à dire aux Decisions
du Saint Concile de Trente, aux
Decrets duquel tous les Priuileges,
& toutes les exemptions qui l'ont
precedé, sont rapportées, comme à
leur iuste niueau, & ausquels nul-
les Bulles subsequentes n'ont de-
rogé.

Au regard des fonctions Hierarchiques à exercer sur les peuples, les Prestres Cenobites y sont
renuoyez à l'examen, licence, approbation & mission des Euesques.

K

parole fidelle & tefmoignage indu-
bitable que c'eft des Ordinaires
qu'ils doiuent tirer leur pouuoir
pour cela immediatement, & non
du Saint Siege, finon en cas d'appel, & de refus iniufte. De cette façon, en qualité de Preftres, & de
Preftres accourans au fecours des
Pafteurs Ordinaires, au feruice des
ames des Laïques, & de Preftres ti-
rans leur authorité pour ces fonctions immediatement des Ordinaires, on pourra dire qu'ils feront
en la Hierarchie, en la façon des autres Preftres, & Diacres du Clergé
Seculier, qui feruent dans les Dio-
cefes, les Cathedrales, & les Parroiffes, fous l'authorité, & l'aueu
des Pafteurs: & ainfi tout fe paffera
en bon ordre, chacun en cette armée de la Sulamite gardera fon po-
fte, fans confondre les rangs &
troubler la police de la difcipline de
l'Eglife.

La desunion est sa ruine.

§. LXIV.

Aquelle est comparée non sans raison en l'Escriture à vn nauire, qui ne peut estre diuisé ni partagé sans se perdre. Quand vne armée est en bonne ordonnance, elle est terrible à ses ennemis : mais quand elle est vne fois en desordre, elle est perduë, elle se dissipe, & deffait elle mesme. Qui oste l'Vnité de la Hierarchie, la destruit, elle n'est plus, aussi-tost qu'elle est separée & diuisée; ostez en la subordination, tout y est en combustion.

C'est vn horloge dont les roüages sont detraquez, & qui n'a plus de justesse ni de mesure. A raison de cecy S. Denys appelle la Hierarchie vn ordre (*Taxis*) ou pour mieux dire vn bon ordre, (*Eutaxias*) dau-

tant que l'ordre osté il n'y a plus de
Hierarchie ni de Principauté sacrée, chacun voulant commander,
nul estre commandé, enseigner nul
estre enseigné, conduire nul estre
conduit.

L'Vnité est l'ame de la His-rarchie.

§. L X V.

L'Vnité aussi est tellement de
l'essence de la Hierarchie, qu'elle n'est telle qu'autant qu'elle est
vne. Cette Vnité est la maille
du bouclier de la Minerue de Phi-
dias, de laquelle dependoit tout
cet ouurage de marqueterie. Arrie-
re donc la Doctrine nouuelle & pe-
regrine des deux Hierarchies, comme apportant vne manifeste diuision, vn schisme tout ouuert dans

la principale partie de l'Eglise, le
saint Clergé, en establissant deux
sortes de Pasteurs & de Hierarques, en mettant jurisdiction contre jurisdiction, authorité contre
authorité, ou pour mieux dire, Autel contre Autel.

Et partageant aussi le sainct peuple, c'est à dire les fidelles Laïques,
qui se voyent tant d'hommes sur
leurs testes, qu'ils ne sçauent auf-
quels entendre, ni quels sont leurs
vrais Pasteurs, & leurs vrais Peres; ceux qui ne le sont pas vsur-
pans le titre de Peres, n'estans que
simples Pedagogues, & se disans
Pasteurs extraordinaires, & par Priuilege, auec puissance de gouuerner les ames, sans en estre chargez,
ni responsables.

Pour ranger en vn bon train tous
ces desordres, & conseruer l'Vnité
de l'Eglise & de sa Hierarchie, il

fe faut tenir fermement aux Ar-
refts du Ciel, en s'arreſtant aux
Decrets du Concile de Trente,
qui conferuent la fubordination,
& par confequent l'vnion & l'vnité, par le rapport & la correfpon-
dance, foûmettant les ouuriers extraordinaires aux Pafteurs ordinaires.

Conclufion par vn beau mot de S. Bonauenture.

§. LXVI.

SElon cette belle & diuine Doctrine du Serafique S. Bonauen-
ture (*libr. de Paupert. Chriſt.*)
L'Enuoy des Conuentuels n'eſt pas
au préjudice, mais pluſtoſt en l'ay-
de des Curez. Et en cela l'Eglife

n'est point abandonnée, si Dieu enuoye des aydes aux Curez , pour
preseruer de la corruption du peché , les ames dont ils ont la charge,& qui leur sont commises, estans
aydez en cela par des personnes spirituelles , non comme ayans domination , gouuernement ou charge
des ames , mais comme *seruiteurs,*
pour l'amour de I. C.

Ie ne pourrois serrer ce discours
par vne plus belle boucle que celle
des paroles de ce saint tout Serafique , lesquelles monstrent assez à
ceux qui se jettent dans les fonctions Hierarchiques , à cheminer
dignement , selon que l'Apostre
parle (*Ephes. 4. v. 1.*) comme il est
bien seant à la vacation à laquelle ils sont appellez, se comportans
auec douceur & humilité, suppor-
tans l'vn l'autre en charité & pa-
tience, & estans soigneux de con-

feruer l'vnité d'efprit par le lien
de paix.

FIN.

TABLE
DES PARAGRAPHES
CONTENVS EN
CE LIVRE.

TABLE.

TABLE.

TABLE.

I i

Extrait du Priuilege.

PAR lettres patentes de sa Majesté Catholique, expediées en son Priué Conseil, il est permis à la vefue Marc Vvyon, en son viuant Marchand Libraire & Imprimeur Iuré en la Ville & Vniuersité de Doüay, de pouuoir imprimer, vendre & distribuer vn liure intitulé, *L'Vnité de la Hierarchie Ecclesiastique,* tirée d'vn escrit de M. l'E. DE BELLEY, & publiée par P. D. A. & ce pour le terme de sept ans. Et sont faites defenses à tous Imprimeurs & Libraires, ou autres de quelque qualité qu'ils soient, d'imprimer ou contrefaire ledit liure, ny en apporter d'autre impression au païs de par deçà, sans l'adueu & consentement de ladite vefue Vvyon, à peine de confiscation de tout ce qui sera trouué estre ailleurs

imprimé, & de six florins carolus
d'amende pour chaque exemplaire,
à appliquer l'vne moitié au profit
de ladite vefue, felon que plus amplement eft fpecifié és lettres à ce
octroyées. Fait à Bruxelles au Priué Confeil defadite Majefté, le der-
nier iour du mois de Decembre,
l'an de Grace 1634.

Par le Roy en fon Confeil.

Signé DE BERTY.

APPROBATION.

CE *Liure intitulé*, L'Vnité de la Hierarchie Ecclesiastique, ne contient chofes contraires à la Foy Catholique ou bonnes mœurs. Fait à Douay ce 8. Decembre 1634.

GEORGE COLVENEERE.

THEODORE VAN COVVERDEN.

VALENTIN RANDOVR.